Holger Pyka

Spiel mit dem Wort!

Kreatives Schreiben für Predigt
und Preacher-Slam

Vandenhoeck & Ruprecht

Bibliografische Information der Deutschen Nationalbibliothek:
Die Deutsche Nationalbibliothek verzeichnet diese Publikation in der
Deutschen Nationalbibliografie; detaillierte bibliografische Daten sind
im Internet über http://dnb.de abrufbar.

© 2019, Vandenhoeck & Ruprecht GmbH & Co. KG,
Theaterstraße 13, D-37073 Göttingen
Alle Rechte vorbehalten. Das Werk und seine Teile sind urheberrechtlich
geschützt. Jede Verwertung in anderen als den gesetzlich zugelassenen Fällen
bedarf der vorherigen schriftlichen Einwilligung des Verlages.

Umschlagabbildung: © David Acosta Allely – Shutterstock

Icons: »Warning Sign« designed by Freepik from Flaticon; »Pencil« designed
by Situ Herrera from Flaticon; »Microphone« designed by SimpleIcon
from Flaticon

Satz: SchwabScantechnik, Göttingen
Druck und Bindung: ⊕ Hubert & Co. BuchPartner, Göttingen

Vandenhoeck & Ruprecht Verlage | www.vandenhoeck-ruprecht-verlage.com

ISBN 978-3-525-61625-3

Inhalt

Geleitwort – »Ich weiß nicht, ob das Predigt ist …« 7

1 Poetry- und Preacher-Slam – eine Einführung 10
1.1 Die Erfolgsgeschichte des Poetry-Slam und seine Adaption in der Kirche 10
1.2 Preacher-Slam, Homiletik und Kirchenreformbewegungen 12
1.3 Kritik und Beruhigung 14

Zwischenruf von der Bühne: Nicht nur für Profis! 17

2 Grundsätzliches und Handwerkliches 18
2.1 Grundsätzliches zum Thema »Kreatives Schreiben« 18
2.2 Kreativität und Heiliger Geist, Schreiben und Frömmigkeit 19
2.3 Grundsätze für »gute« Texte 21
2.4 Materiales Handwerkszeug 27
2.5 Erste Schreibübungen 30
2.6 Lyrisches Handwerkszeug 38
2.7 Episch-dramatisches Handwerkszeug 56
2.8 Humoristisches Handwerkszeug 63

Zwischenruf von der Bühne: Vergiss den Anlass! 86

3 Schreibanlässe 87
3.1 Die Bibel 87
3.2 Theologie- und Kirchengeschichte 98
3.3 Ethik und Lebensfragen 111

4 Redaktion und Weiterarbeit 118
4.1 Textinterne Weiterarbeit 118
4.2 Von der Idee zum Text 127

5 Die Performance ... 133
5.1 Die Bedeutung der Performance für Poetry-Slam und Predigt ... 133
5.2 Energie und Performance ... 134
5.3 Einen guten ersten Eindruck machen ... 141
5.4 Tipps für den Vortrag ... 143

6 Heiliges Spiel: Preacher-Slam, Gottesdienst und Predigt ... 145
6.1 Auf der Kanzel geht sowas nicht? ... 145
6.2 Themapredigt vs. Ideenpredigt ... 146
6.3 Kasualpredigten ... 149
6.4 Problemanzeige: Nähe und Distanz ... 151
6.5 Poesie und Liturgie ... 152

Zwischenruf von der Bühne: Raus aus den Kirchen, ihr Preacher! ... 168

Danke! ... 169

Literatur ... 170

Bibelstellenregister ... 176

Geleitwort – »Ich weiß nicht, ob das Predigt ist ...«

Ja, auch ich habe meine Vorstellungen von dem, was eine Predigt ist. Auch wenn ich seit Jahren für homiletische Aufbrüche plädiere und nach neuen Formen Ausschau halte, gibt es auch bei mir seit Kindertagen erlernte, internalisierte, nicht immer reflektierte homiletische Konventionen. Manchmal erschrecke ich ein wenig, wie sich die *Structure* meiner Predigten gleicht, wie ich seit Jahren meine allerliebsten sprachlichen Mittel immer nur leicht variiere und wie ich meine Gottesbilder pflege und bewahre. Man kann augenscheinlich viel über notwendige homiletische Aufbrüche und Erneuerung schreiben – und diese Texte dann als Feigenblatt für ein recht konventionelles eigenes Predigen ge- und missbrauchen.

Dann braucht es Bücher wie das, das Holger Pyka hier vorlegt: *Spiel mit dem Wort!* Eigentlich ist es ein Buch zum Preacher-Slam. Aber es ist weit mehr! Es ist ein Buch zur Erneuerung der Predigt im besten Sinn, zur Ermutigung für alle Sprach-Arbeiter und -Arbeiterinnen. Es ist eine Einladung zu einer theologischen Entdeckungsreise, die damit Ernst macht, dass es Inhalt nie ohne Form geben kann. Und es ist ein Buch zur Spiritualität des Predigens – damit müde Prediger neue Kraft bekommen und dynamische Predigerinnen voller Leidenschaft weiterarbeiten.

Die Dramaturgische Homiletik war und ist ein Mosaikstein im bunten Bild der Erneuerung der deutschsprachigen Predigt in den vergangenen zwanzig bis dreißig Jahren – nicht mehr. Was Martin Nicol und ich gesagt und geschrieben haben, stand weder am Anfang einer Bewegung noch war es grundlegend neu. Die US-amerikanische Homiletik hatte seit der »Homiletischen Revolution« der 1960er- und 1970er-Jahre neue Wege gewiesen; die deutschsprachige Homiletik seit der ästhetischen Wende ebenfalls. So war Martin Nicols Programmschrift *Einander ins Bild setzen* (2002/2005) ein weiterer Schritt auf dem Weg, den andere bereits eingeschlagen hatten; und unser beider Praxisbuch *Im Wechselschritt zur Kanzel* (2005/2013) noch einer. Inzwischen hat sich viel getan: Hatten wir noch vor 15 Jahren diagnostiziert, dass das pastorale Kerngeschäft der Predigt nur selten in Fort- und Weiterbildungen für Pfarrerinnen und Prädikanten bedacht wird, so hat sich die Lage grundlegend geändert. Es gibt ein *Atelier Sprache* in Braunschweig, in Predigerseminaren und Pastoralkollegs wird der Predigt neue Aufmerksamkeit geschenkt, und seit 2009 arbeitet ein *Zentrum für evangelische Predigtkultur* in Wittenberg. Inmitten von alledem hat sich auch der Predigt-Slam aus ersten deutschsprachigen Anfängen in Marburg zu einer vielerorts praktizierten Form entwickelt.

Ich gestehe: Es war eine Mischung aus Begeisterung und Skepsis, mit der ich dem Slam anfangs gegenüberstand. Die Begeisterung entstand, als ich in Wittenberg an einem Slam-Wochenende mit Bo Wimmer teilnahm und erlebte, mit welcher Lust und mit welchem theologischen und spirituellen Gewinn sich in einer Gruppe von Theologiestudierenden und Pfarrerinnen und Pastoren 48 Stunden lang an Predigt und ihrer Sprache arbeiten lässt. Es war großartig zu entdecken, wie viel sich bei den Teilnehmenden im Lauf eines Wochenendes bewegen kann, wie überraschend anders sie reden können, wie Sprachstücke zu Herzen gehen und das Denken anregen können. Doch neben der Begeisterung war da die Skepsis, die die gesamte Zeit durch die Frage präsent war, ob das, was wir da tun, denn eigentlich (noch bzw. überhaupt) »Predigt« ist.

Wenn ich »Predigt« sage, habe ich sofort im Kopf: (1) das liturgische Setting, zu dem der besondere und vielleicht noch durch Kanzelgruß und Kanzelsegen eigens hervorgehobene Kanzelauftritt gehört und der Bezug auf einen klar definierten Abschnitt der Bibel (und sei es nur ein Vers wie bei vielen Kasualansprachen), (2) die Person einer Predigerin oder eines Predigers – gekleidet in einem schwarzen (seltener weißen) Talar, (3) einen Kirchenraum und eine Kanzel oder einen Ambo, (4) eine Rede, die 12 bis 20 Minuten dauert und vor allem (5) eine theologische Erwartung, dass es beim Predigthören zum »Ereignis« kommen kann, das irgendwie aus der von Karl Barth treffend diagnostizierten Notwendigkeit und Unmöglichkeit der Predigt als »Gottes Wort« resultiert. Kann vor diesem Hintergrund eine weitaus kürzere Rede auf einer Bühne in einem keineswegs liturgischen Setting (sondern im Gegenteil im Kontext eines Wettbewerbs!), bei der vielleicht viel gelacht wird und manchmal auch geweint, bei der Hörende in jedem Fall wahrnehmbar emotional mitgehen, eine »Predigt« sein? Im Blick auf mein Bild von Predigt, das ich seit frühester Kindheit im Kopf habe, natürlich: Nein! Im Blick auf meine Erfahrung beim Hören von Slam-Predigten aber:

Klar! Da gab und gibt es »Ereignisse« des Hörens, die mehr sind als »nur« Emotionen und höher sind als alle Vernunft. Im Kontext eines Predigt-Slams kann sich ein Prediger selbst überraschen lassen, welche Möglichkeiten seine Sprache noch bietet, entdeckt eine Predigerin neue Möglichkeiten ihrer selbst, und Hörende merken, wie vielfältig die großen Fragen des Lebens im Horizont der Gotteswirklichkeit und der Worte, Bilder und Geschichten der Bibel erscheinen. Und natürlich stellt sich auch die Erfahrung eines jeden Slams beim Predigt-Slam ein: Erstaunlich, was Sprache alles tun kann!

Und wenn man dann auch einmal erlebt hat, dass der Wettbewerb, der zweifellos zum Slam gehört, keineswegs bedeuten muss, dass sich ein Super-Apostel in geradezu korinthischer Manier (vgl. 2Kor 12,11) vor allen anderen selbst beweisen muss, sondern dass das gemeinsame Spiel am Wort einfach interessanter ist als die einsame Performance, dann kann man auch das Argument entkräften, man dürfe doch nicht ausgerechnet die Predigt in ein Wettbewerbsformat pressen.

Am Ende einer Slam-Veranstaltung bleibe ich dann vielleicht mit der Frage zurück, ob das nun eigentlich »Predigt« ist, was ich da gehört habe. Und denke mir: Wie gut, dass ich – dank des Predigt-Slams – nicht mehr so genau weiß, was Predigt ist. Und wie gut, dass Holger Pyka die Augen öffnet für die Predigt und das, was sie (sein) kann. Und dass er nicht nur eine Vision von einer neuen Sprache entwickelt, sondern einen Übungsweg vorschlägt, den die Lesenden in ihrem eigenen Tempo gehen können. Wer auch immer behauptet, beim Slam oder in diesem Buch gehe es darum, die Predigt mit ein wenig flotter Sprache aufzupeppen, hat nicht verstanden, wohin dieses Buch führt, das man auch als theologisch-homiletisches Exerzitienbuch verstehen könnte. Holger Pyka lässt entdecken, wie die Freude an der Bibel und die Freude am Predigen zusammengehören, die Lust an der Theologie und an der Sprache, der Mut zu Neuem und die Überraschung angesichts der eigenen ungeahnten Möglichkeiten.

Holger Pykas Buch ist ein Werk zum Predigt-Slam, ja. Aber vor allem ist es ein Buch für alle, die nicht mehr so genau wissen wollen, was Predigt ist, aber entdecken wollen, was Predigt auch sein könnte.

Leipzig, im August 2018
Alexander Deeg

1 Poetry- und Preacher-Slam –
eine Einführung

1.1 Die Erfolgsgeschichte[1] des Poetry-Slam und seine Adaption in der Kirche

Am Anfang, so will es der Gründungsmythos der Poetry-Slam-Kultur, war die wenig ansprechende »Wasserglaslesung«: Ein Dichter betritt eine spartanisch eingerichtete Bühne. Ein Stuhl, ein Tisch mit Mikrofon und eben ein Wasserglas. In den nächsten 45–90 Minuten traktiert er das andächtig lauschende Publikum mit mehr oder weniger emphatisch vorgetragenen Texten aus eigener Feder. Der Poet Marc Kelly Smith wollte sich damit nicht abfinden und veranstaltete 1986 nach einigem Experimentieren den ersten Poetry-Slam in Chicago. Er lud, in der Tradition der *Offenen Bühnen*, gleich mehrere Poetinnen ein und sorgte mit der Einführung einer Zeitbegrenzung und des Wettbewerbsmoments *(slam)* für eine Dynamisierung. Das Format wurde nach New York exportiert, wuchs zu einer Bewegung, die in den frühen 1990er-Jahren über den großen Teich in den deutschsprachigen Raum schwappte und dort in die weltweit zweitgrößte und stetig wachsende Poetry-Slam-Szene mündete. 1997 fand der erste nationale Wettbewerb statt, zehn Jahre später war die Szene mit dem *WDR-Slam* auch in der öffentlich-rechtlichen Fernsehkultur angekommen. 2013 trat die Psychologiestudentin Julia Engelmann mit ihrem *One Day Reckoning Text* (»Eines Tages, Baby«)[2] beim Bielefelder Campus-Slam an, gewann den Wettbewerb zwar nicht, wurde aber ein paar Monate später durch acht Millionen Clicks bei Youtube zur bekanntesten Slam-Poetin Deutschlands. Auch etablierte Verlage entdeckten Slammer zunehmend als zugkräftige Autoren.

Die Grundstruktur der Veranstaltung ist über die Jahre gleich geblieben:

---

1 Vgl. zum Folgenden Anders (2003), 13–16; Westermayr (2010), 17–36.
2 Engelmann (2014), 24–29.

Poetry-Slams sind regelmäßig stattfindende, offene Bühnen, auf denen professionelle Performance-Poeten auf Amateurschriftsteller, Kabarettisten, Rapper und literarische Komiker treffen. Gleichermaßen nutzen sie die Slam-Bühnen als Podium, um ihre Texte zu präsentieren. Der Austragungsort ist meist eine Kleinkunstbühne, eine Kneipe oder ein Club. [...] Bei einem Poetry-Slam treten zwischen acht und 14 Poeten im Wettkampf gegeneinander an, indem jeder seine selbstgeschriebenen Texte vorliest. [...] [E]gal welchen Slam man besucht, in jeder Stadt gibt es nur vier Regeln: So muss der Text erstens aus der eigenen Feder stammen, es dürfen zweitens keine Requisiten genutzt werden, es darf drittens nur auszugsweise gesungen werden, da es sich um keinen Gesangswettbewerb handelt, und viertens muss die vorgegebene Zeitdauer eingehalten werden, die i. d. R. fünf bis sieben Minuten beträgt.[3]

Mit einiger Verzögerung erreichte die Bewegung zunächst den Deutschunterricht[4], dann auch die Kirche. 2010 fand unter Leitung von Thomas Erne, Katharina Scholl, Anke Fuchs und Bo Wimmer der erste *Marburger Predigt-Slam* statt, bei dem hauptberuflich Predigende gegeneinander antraten. Im selben Jahr präsentierten Poetinnen Auftragstexte auf dem Ökumenischen Kirchentag in München. Das Marburger Projekt etablierte sich als festes Workshop- und Veranstaltungsformat, das Wittenberger *Zentrum für evangelische Predigtkultur* zog nach und entwickelte den *Wittenberger Predigt-Slam*. Es bildete sich eine neue kirchliche Szene: Überall im deutschsprachigen Raum werden Slams in oder um Kirchen veranstaltet, allein auf dem Kirchentag 2017 gab es sieben Veranstaltungen.

Wenn Sie immer noch nicht richtig wissen, was Poetry-Slam ist, gucken Sie sich bei Youtube ein paar Clips an – möglichst nicht nur die allerersten Funde. Nehmen Sie sich Zeit. Lesen Sie in diesem Buch erst weiter, wenn Sie mindestens zehn Slam-Beiträge gesehen haben! Noch besser: Informieren Sie sich, wo in Ihrer Nähe der nächste Slam stattfindet, und gehen Sie hin!

---

3 Willrich (2010), 13 f.
4 Vgl. Anders (2004), Brunke (2015), Schütz (2011).

Preacher- oder Predigt-Slams[5] sind einerseits Beispiele einer zunehmenden »Multiplizierung«[6] der Slam-Szene der letzten Jahre: Um die klassischen Poetry-Slams herum entwickelte sich »ein komplexes Geflecht an Veranstaltungen, die den Beinamen ›Slam‹ […] tragen« und sich im Blick auf Themenvorgaben, Veranstaltungsorganisation, Genrespezialisierungen und Teilnehmende z. T. deutlich voneinander unterscheiden.[7] Andererseits spielen auch innerkirchliche Faktoren bei der Etablierung des Formats eine Rolle.

1.2 Preacher-Slam, Homiletik und Kirchenreformbewegungen

Der Erfolg des Formats Preacher-Slam ist nicht losgelöst von Entwicklungen in Theorie und Praxis der Predigt zu betrachten, die als *ästhetische Wende* bezeichnet und mit Namen wie Albrecht Grözinger, Gerhard Marcel Martin sowie vor allem Martin Nicol und Alexander Deeg in Verbindung gebracht werden.[8] Letztere sorgten mit der Beheimatung ihres dramaturgisch-homiletischen Konzepts am *Atelier Sprache* in Braunschweig dafür, dass das Spiel mit dem Wort als »Kunst unter Künsten«[9] einen festen Ort bekam und von dort aus die Kanzeln erobern konnte. Zu den Säulen ihres homiletischen Konzepts gehört eine neue Hochschätzung der Predigt als Sprachkunstwerk, für das programmatisch gilt:

Kunst fasst nicht Weltwirklichkeit zusammen, sondern gestaltet neue Wahrnehmung. Kunst illustriert nicht, sondern inszeniert. Kunst redet nicht *über* Dinge, sondern macht, dass Dinge geschehen.[10]

---

5 Es gibt bislang keine einheitlichen Bezeichnungen. Es scheint sich derzeit herauszukristallisieren, dass *Predigt-Slams* Veranstaltungen bezeichnen, bei denen nur Theologinnen und Theologen antreten, der Scheinanglizismus *Preacher-Slam* wird häufiger für Formate verwendet, bei denen Prediger gegen Slam-Poeten antreten. Der von Jan Hermelink (vgl. Schütz (2011), 64) vorgeschlagene Begriff *sermon slam* wird im englischen Sprachraum v. a. für Formate in jüdischer Regie verwendet.
6 Keller (2017), 72 f.
7 Dünnebacke/Kunkel (2017), 41.
8 Vgl. Conrad/Weeber (2012), 258–307.
9 Nicol/Deeg (2012), 10.
10 Nicol/Deeg (2012), 15.

Die Urheber der dramaturgischen Homiletik fassen, zehn Jahre nach Erscheinen von Martin Nicols Programmschrift, die Wirkungen zusammen:

[V]iele Pfarrerinnen und Pfarrer haben neue Freude daran bekommen, im Sprachspiel öffentlicher Rede mit einer Gemeinde zur sonntäglichen Exkursion in die fremde Heimat Bibel aufzubrechen.[11]

Es verwundert nicht, dass auf einem so bereiteten Boden die slam-homiletische Saat sehr bald kräftig ausschlagen konnte. Eine slam-inspirierte Predigtpraxis ergänzt dabei auch das Ursprungskonzept, in dem es vor allem um die homiletische Integration ausdrücklicher Hochkultur ging und Populärkultur keine große Rolle spielte.

Eine weitere Entwicklung in Kirche und Theologie rückt in den Blick. Inspiriert von der *Fresh-Expressions*-Bewegung in England entwickelt sich in Deutschland seit einigen Jahren eine Kirchenreformbewegung, an deren Beginn die Einsicht in die Exklusivität traditioneller Kirchen- und Gemeindeformen und die kreative Suche nach milieusensiblen Alternativen standen. Anders als die Kirchenreformbewegungen seit den 1960er-Jahren versuchen *fresh x*-inspirierte Gemeindeprojekte nicht mehr, bislang kirchenferne Milieus letztlich in die bestehende Kirche zu integrieren, sondern verstehen sich als Angebote, die im Rahmen einer *mixed economy* »die Parochie nicht ersetzen, wohl aber ergänzen.«[12] Poetry-Slams, die »die ästhetischen Prinzipien der Popkunst mit dem Freizeitstil des hedonistischen Milieus [...] verbinden«[13], sprechen insbesondere das Milieu der *Modernen Performer* an, das auch im Fokus neuerer Kirchenreformbewegungen steht, sind aber auch für die »teilmodernisierten Nachbarmilieus«[14] reizvoll. Das Veranstaltungsformat Poetry-Slam bietet zudem die Möglichkeit zur Vergemeinschaftung, es »stellt einen Raum, ein Zeitfenster zur Verfügung, in dem sich [...] junge Erwachsene gerne aufhalten [...] und [...] Kontakte pflegen.«[15] Die

---

11 Nicol/Deeg (2012), 82.
12 Hempelmann u. a. (2015), 155.
13 Schneider (2012), 334.
14 Schneider (2012), 344.
15 Keller (2017), 84.

(kirchen-)soziologischen Aspekte dieser sich selbst reproduzierenden Milieus verdienen weitere Aufmerksamkeit, können hier jedoch nicht weiter verfolgt werden.

In diesem Buch steht ein anderer Aspekt im Vordergrund: Preacher-Slams stellen Sprachlabore dar, in denen vor einem oft wenig gemeindeaffinen Publikum unverbrauchte Redeformen erprobt, neue Formulierungen für den Glauben entwickelt und etabliert und gewagtere theologische Gedankengänge durchgespielt werden können. Diese sprachlichen Experimente können auch die sonntägliche Predigt beleben und befruchten.

1.3 Kritik und Beruhigung

1.3.1 Kommerzialisierung, inhaltliche Verflachung und/oder Professionalisierung

Wie jede Kunstform, die es in den Mainstream geschafft hat, sieht sich auch der Poetry-Slam dem Vorwurf der Kommerzialisierung und der inhaltlichen Verflachung ausgesetzt: »Das einst breite Themenspektrum des Slams scheint auf Pointen reduziert – und das Publikum klatscht weiter.«[16] Ganz aus der Luft gegriffen ist das nicht, mit Christine Keller lassen sich verschiedene Gründe dafür ausmachen: Anders als in den USA entstand »in Deutschland [...] der Slam aus der gebildeten, bürgerlichen Mittelschicht heraus«[17], was zu eigenen inhaltlichen und stilistischen Schwerpunktsetzungen führte. Die zunehmende Kommerzialisierung der Szene führt zu einer Professionalisierung: »[I]mmer mehr Slammer_innen [schreiben] ihre Texte mit der Intention, zu gewinnen«[18], in deutlicher Abkehr vom früheren Konzept der Offenen Bühne werden gerade bei überregional bedeutsamen Slams die »Slammer_innen nicht nur geladen, sondern zielstrebig gebucht«[19], um Qualitätsstandards zu sichern und Publikumserwartungen zu erfüllen. Zugleich (und zu Recht) warnt Keller jedoch vor einer allzu pessimistischen Sicht und

---

16 Keller (2017), 63.
17 Keller (2017), 78.
18 Keller (2017), 80.
19 Keller (2017), 74.

verweist auf die bleibende Dynamik der Szene, in der gerade jüngere Poetinnen derzeit wieder verstärkt gesellschaftskritische und politische Texte präsentieren.[20]

Auch an Preacher-Slam-Beiträge wird mitunter die Anfrage gerichtet, ob sie den inhaltlichen Ansprüchen einer Predigt genügen – dabei ist freilich zu überlegen, ob es sich hier tatsächlich um inhaltliche Bedenken handelt oder ob nicht vielmehr die ungewohnte Ästhetik für Irritationen sorgt (s. Kap. 6.1). Anders als die säkulare Slam-Szene mit ihren subkulturellen Wurzeln war ihr kirchliches Pendant von Anfang an hochgradig professionalisiert: Schon aus dem Veranstaltungstitel *Preacher*-Slam wird deutlich, dass hier fast ausnahmslos hauptberuflich Predigende auftreten. Durch die kleine, aber rege kirchliche *Slamily* hat das Prinzip der Offenen Bühne beim Preacher-Slam nie eine Rolle gespielt. Das hat gemeindepädagogische Implikationen, die noch der Auswertung bedürfen.

1.3.2 Wettbewerb

Für die Erfolgsgeschichte des Poetry-Slams war die Dynamisierung, die die stillen Dichterlesungen durch den Wettbewerb erfuhren, von entscheidender Bedeutung. Als das Format anfing, Einzug in die Kirchen zu halten, gab es vereinzelte Stimmen, die davor warnten, die Predigt mit einer als unevangelisch empfundenen, ritualisierten Bewertung zu verquicken.

Dieses Unbehagen lässt sich zumindest weitgehend entkräften, wenn man einen Slam besucht und sich mit der Szene beschäftigt. Dann fällt sehr schnell auf, dass der Aspekt des Wettbewerbs, bei allem Prestige, mit dem das Gewinnen hochkarätig besetzter Slams natürlich verbunden ist, systematisch heruntergespielt wird: »The points are not the point, the point is poetry!« – Es geht nicht um die Punkte, es geht um Poesie! Das zumindest bei kleineren Slams gepflegte Prinzip der *Offenen Bühne* sorgt für stilistische, thematische und sicher auch qualitative Vielfalt. Die deutschsprachige Slam-Szene, die sich selbst als *Slamily*[21] bezeichnet, ist durch vielfach freundschaftliche Vernetzungen geprägt, die das übermäßige

---
20 Keller (2017), 81.
21 Willrich (2010), 104–108; Westermayr (2010), 42–48.

Prahlen mit den eigenen Erfolgen in einem oft das Understatement zelebrierenden Milieu verpönt. Vom Umgang der meisten Slam-Poetinnen untereinander können manche Pfarrkonvente und Hauptamtlerteams in Gemeinden lernen. Außerdem: Auch mit der Sonntagspredigt befinden wir uns in einer Konkurrenzsituation. Im Großen natürlich auf dem Markt der Weltanschauungen, Religionen und Ideologien. Im Kleinen tritt jeder Gottesdienst gegen eine Reihe von Konkurrenzveranstaltungen an, die überwältigende Mehrheit der Bevölkerung (und der Kirchenmitglieder) entscheidet sich am Sonntagmorgen gegen den Kirchenbesuch und für Ausschlafen, Brunch oder Fahrradtour. Und selbst, wenn man nicht gern darüber redet – natürlich gibt es eine Reihe von Kirchgängern, die den Gottesdienstbesuch von den Namen, die im Predigtplan stehen, abhängig machen. Vielleicht können Erfahrungen mit Slam-Formaten dazu führen, dass innerhalb der Kirche entspannter mit Konkurrenz umgegangen wird, als das bisher der Fall ist.[22]

! Wenn Sie Pfarrerin oder Pfarrer sind: Organisieren Sie einen Pfarrkonvent als Schreibwerkstatt. Vielleicht helfen Ihnen Übungen aus diesem Buch, unter Umständen erfordert die Gruppendynamik auch den Einsatz einer externen Referentin. Mit etwas Glück und ein bisschen Segen können Sie erleben, wie sich Konkurrenzempfinden im gemeinsamen Spaß am Texten auflöst.

---

22 Vgl. Knieling (2006).

Zwischenruf von der Bühne: Nicht nur für Profis!

Viele große Poetry-Slams sind mit der Zeit professioneller geworden, die ursprünglich offene Bühne wird mit hochkarätigem Line-Up und geladenen Gästen bespielt. Bei Preacher-Slams ist das immer schon so gewesen. Oft ist das dem Konzept geschuldet, wenn hauptberuflich Predigende, Pfarrer, Gemeindepädagoginnen oder Theologiestudierende, werbewirksam gegen Slam-Profis in den Ring geschickt werden. Es könnte an einem viel tiefer liegenden Problem der Volkskirche liegen und dieses noch verstärken: Viele Christinnen und Christen haben verlernt (wenn sie es denn je konnten), positiv über ihren Glauben zu sprechen. Vielleicht ist das eine gar nicht mal so schlechte Folge eines kritischen Religionsunterrichts, vielleicht ist das manchmal aber auch eine Strategie, um sich tiefergehende Gespräche vom Hals zu halten: Religion an sich ist ein heißes Eisen in unserer Gesellschaft, und mit ihrem persönlichen Glauben gehen manche Zeitgenossen verschämter um als mit ihrem Gehaltszettel oder ihrem Sexualleben.

Die faszinierte Beschäftigung mit Slam Poetry scheint bislang vor allem dazu zu führen, dass der Trockenblumenstrauß kirchlicher Verkündigung durch die eine oder andere Orchidee aufgehübscht wird und das Reden über den Glauben den Profis überlassen bleibt. Wäre es nicht spannender (und weitaus reformatorischer), wenn man sich an den Anfängen der Slam-Kultur orientieren würde? Am Prinzip der konsequent offenen Bühne mit ihrer bierseligen Mischung aus Texten, die schmerzhaft zusammenzucken lassen, und überraschenden Meisterstücken? Es würde wilder und unordentlicher, ohne Zweifel. Aber vielleicht täte uns das gut.

2 Grundsätzliches und Handwerkliches

Zuallererst eine Entwarnung. Vielleicht haben Sie ein paar erfolgreiche Slam-Beiträge im Ohr und denken jetzt: Also, wenn das »Slam« ist, dann kann ich das nicht. Das ist nicht meine Sprache, das ist nicht mein Rededuktus, und reimen kann und will ich schon mal gar nicht! Seien Sie beruhigt: *Slam* bezeichnet ein *Veranstaltungsformat*, kein *Literaturgenre* – von der Zeitbegrenzung und dem Plagiatsverbot abgesehen, gibt es keine inhaltlichen oder formalen Vorgaben. Natürlich setzen sich in jeder literarischen Szene bestimmte Schwerpunkte durch: Im deutschsprachigen Poetry-Slam dominieren einerseits lyrische und erzählende, andererseits von Stand-Up-Comedy inspirierte Texte.[23] Das sollte Sie auf jeden Fall nicht davon abhalten, Ihren eigenen Stil zu finden, und das funktioniert nun mal am besten durch Ausprobieren. Zunächst aber ein paar allgemeine Anmerkungen.

2.1 Grundsätzliches zum Thema »Kreatives Schreiben«

Es ist ein weit verbreiteter Irrtum, dass poetische oder prosaische Texte ausnahmslos in der unverfügbaren Trance eines von der Muse geküssten Geniegeistes entstehen und von einer mehr oder weniger unbeteiligten Schreibhand zu Papier gebracht werden. Schriftstellerei ist ein Handwerk, Schreiben ist Arbeit, bei der eine ganze Menge Ausschussmaterial entsteht. Viele berühmte Werke liegen in unterschiedlichen Bearbeitungsstufen vor, weil ihre Urheber daran feilten. Natürlich kann man größere Partien, manchmal sogar ganze Texte in einem Fluss runterschreiben – aber auf Dauer gesehen verspricht es wenig Erfolg, einfach nur passiv vor einem leeren Blatt zu sitzen.[24] Den Schreibfluss, in der Kreativitätsforschung und anderswo auch als *Flow* bezeichnet, gibt es ohne Zweifel – aber an irgendeiner Stelle muss

---

23 Vgl. Anders (2013), 23 f.; Brunke (2015), 150; Willrich (2010), 31–56.
24 Von Petersdorff (2017), 7–21.

man reinspringen, um sich treiben lassen zu können. Die Übungen in diesem Kapitel sollen Ihnen in zweifacher Hinsicht weiterhelfen: *Methodisch* können sie Einstiegshilfen in den Schreibfluss sein oder für neuen Anschub sorgen, wenn Sie irgendwo stecken geblieben sind. *Inhaltlich* dienen sie der Themenfindung: Das Spiel mit dem Wort (und dem Sprachklang) kann eine Form des Brainstormings sein und zu neuen Themen führen. Dabei ist vorausgesetzt, dass Schreiben kein linearer Prozess ist, sondern ein zirkulärer (manchmal auch chaotischer), bei dem sich die Strategien[25] abwechseln und ergänzen: Manche Texte oder Textpassagen entstehen nach einem genauen, vorher skizzierten Fahrplan quasi »von oben nach unten« *(top-down)*, andere im scheinbar ziellosen Schreiben *(bottom-up)*. Gerade in schwerfälligen Phasen kann ein Wechsel von der einen in die andere Methode sinnvoll sein, um Klarheit über die weitere Richtung eines Textes zu bekommen oder mehr Material zu sammeln.

2.2 Kreativität und Heiliger Geist, Schreiben und Frömmigkeit

Sozial- oder naturwissenschaftlicher Kreativitätsforschung geht es um die Beschreibung und das Verstehen zunächst innerer, häufig spontan auftretender Prozesse, die sich in bislang so nicht dagewesenen künstlerischen Produkten, neuartigen Ideen und Perspektiven und alternativen Handlungsoptionen von teilweise historischer Tragweite niederschlagen. Also im Wesentlichen um das, was in Bibel und Theologie mit dem Wirken des Heiligen Geistes in Verbindung gebracht wird – Kreativitätsforschung ist letztlich so etwas wie säkulare Pneumatologie. Eine zentrale Rolle spielt dabei die Frage nach den optimalen Voraussetzungen für kreative Leistungen und nach ihrer Machbarkeit oder zumindest ihrer Ermöglichung.

Liegen Sozial- und Neurowissenschaften und Theologie an dieser Stelle eng beieinander, gilt das natürlich auch für diejenigen Ansätze, die Erfahrungswissen rund um die Einübung kreativitäts- und inspirationsfördernder Techniken sammeln und weitergeben. Wenn Thomas Alva Edison (oder jemand anderes) sagt, Genie sei

---
25 Vgl. Müller (2014), 352–356.

»ein Prozent Inspiration und neunundneunzig Prozent Transpiration«, und Karl Barth betont, Beten sei »eine sehr strenge Arbeit«[26], wenn Schreiblehrerinnen[27] und geistliche Begleiter[28] nachdrücklich die Einrichtung und Einhaltung regelmäßiger Schreib- und Gebetszeiten empfehlen, dann wird deutlich, dass sowohl eine kreative Existenz als auch geistliches Leben einiges an Disziplin voraussetzen.

Der Pfarrer hatte sich ganz und gar auf den Heiligen Geist verlassen wollen. Nun steht er nach einer vorbereitungsfreien Woche auf der Kanzel, ohne Manuskript, nicht einmal mit Stichworten. Und wartet. Versucht zu hören. Schweigt. Nach einer gefühlten Ewigkeit verlässt er wortlos die Kanzel und setzt sich wieder in die Bank. Die Gemeinde singt irgendwas. Nach dem Gottesdienst fragt die Küsterin: »Und, hat der Heilige Geist Ihnen nichts eingegeben?« »Doch«, antwortet der Pfarrer, »er hat gesagt: Mein Lieber, du bist faul gewesen.«

Schreibübungen können den Musenkuss nicht erzwingen, ebenso wenig wie regelmäßige Gebetszeiten zuverlässige Gesprächstermine mit dem Heiligen Geist sind, denn der weht ja bekanntlich, wo er will (Joh 3,8) – mindestens beim Schreiben religiöser Texte wird aber davon auszugehen sein, dass beide Größen irgendwie miteinander zu tun haben. In der Schreibpraxis wie im spirituellen Leben ist außerdem mit emotionalen und schöpferischen Dürreperioden zu rechnen, mit Zeiten, in denen geistliche und kreative Übungen kraft- und nutzlos wirken und scheinbar zu nichts führen. Gerade in ihrer Regelmäßigkeit dienen sie aber dazu, die Kontaktflächen zu vergrößern und mehr Gelegenheiten zu schaffen, in denen eine gute Textidee Wurzeln schlagen und der Heilige Geist Bescheid geben kann, was dran ist.

Es empfiehlt sich also, feste Zeiten und Räume einzuplanen, in denen sich so etwas wie eine geistlich-schriftstellerische Existenz entwickeln kann. Dazu gehört das regelmäßige Lesen von anregender Lektüre, das zweckfreie Unterwegssein in der Weite der Schrift, und eben auch das regelmäßige Schreiben. Ausdrückliche »Schreibexerzitien« werden übrigens seit einiger Zeit von verschiedener Stelle angeboten. Vielleicht merken Sie bei manchen Schreibanregungen in diesem Buch, dass Sie sie zum Beten reizen. Vielleicht kann das

---

26 Barth (1962), 176.
27 Goldberg (2014), 25 f.
28 Steffensky (2006), 20–22.

Schreiben für Sie ein Bestandteil Ihres »Lebensgesprächs mit Gott«[29] werden. Eine erprobte Möglichkeit ist das Führen eines *Tagebuchs*.[30]

Wenn Sie es nicht schon tun: Führen Sie Tagebuch. Nehmen Sie es sich für mindestens einen Monat vor, regelmäßig, idealerweise natürlich täglich, Ihr eigenes Leben Revue passieren zu lassen. Das hilft der Klärung der eigenen Gedanken und dem Festhalten eigener Erfahrungen – außerdem trainieren Sie, wenn Sie sonst hauptsächlich tippen, Ihre Handschrift. Wenn sich Glaubensthemen nicht automatisch einschleichen, können Sie den Tagesrückblick mit einer Betrachtung der Tageslosung verbinden.

Zu einer anderen Tageszeit und an anderen Synapsen setzen *Morgenseiten* an, ein Konzept, das ursprünglich von Julia Cameron[31] stammt und Eingang in eine Vielzahl von Schreibschulen verschiedenster Art gefunden hat. Das Vorgehen bei den Morgenseiten berührt sich mit dem *Free Writing* (s. Kap. 2.5). Im Grenzland zwischen Traum und Tag, unbewusstem und bewusstem Denken können Themen und Bilder auftauchen, die mit zunehmender Klarheit im Kopf verloren gehen. Außerdem verhilft das Schreiben zu einem sanfteren Einstieg in den Tag.[32]

Legen Sie sich vor dem Schlafengehen Stift und Papier bereit. Greifen sie nach dem Aufstehen danach und füllen sie drei Seiten mit allem, was Ihnen in den Kopf kommt. Setzen Sie den Stift möglichst nicht ab; wenn Ihnen nichts »Sinnvolles« einfällt, malen Sie Kringel oder schreiben Sie wahllos Wörter. Hören Sie erst auf, wenn die drei Seiten voll sind. Lesen Sie das Geschriebene erst im Abstand von einigen Tagen oder Wochen.

2.3 Grundsätze für »gute« Texte

Texte sind so unterschiedlich wie die Menschen, die sie schreiben, vortragen und hören. Spätestens seit Umberto Eco wissen wir, dass

---

29 Stolina (2010).
30 Anregungen hierzu bietet Schärf (2010).
31 Cameron (2009), 32–45.
32 Rechenberg-Winter/Randow-Ruddies, 222.

jeder Text ein *Offenes Kunstwerk* ist[33], zu dem die Begegnung mit einer Hörerin oder einem Leser gehört. Von daher scheint es erst einmal kaum möglich, vielleicht sogar anmaßend, hier von Kriterien für »gute« Texte zu sprechen. Aber: »Gut« meint kein stilistisches Urteil, sondern bezieht sich auf das Wirkpotenzial eines Textes. Konkret gesagt: Ist für mein Publikum irgendetwas anders, nachdem es meinen Text gehört hat? Mit dieser Frage im Hinterkopf lassen sich dann schon ein paar Merkmale aufzählen, die »gute« Texte ausmachen, ob Gedicht, Märchen, Comedy oder Liebesbrief.

2.3.1 Wirkung und Absicht

Obwohl die Wirkung unserer Texte auf das zuhörende oder lesende Publikum nicht ganz in unserer Hand liegt, gilt: Ein »guter« Text hat eine Absicht. Der, der ihn schreibt, hat mindestens eine. Schon beim Schreiben verfolgen Sie eine Absicht, auch, wenn die vielleicht im ersten Moment gar nicht so klar ist: Sie wollen eine Idee schwarz auf weiß festhalten, das Chaos im Kopf ordnen, Erfahrungen oder Gefühle auf Papier bannen, mit Wörtern spielen oder sich einfach beschäftigen. Wenn Sie den Text einem Publikum präsentieren, tun Sie das zunächst einmal mit dem grundlegenden Ziel, die Aufmerksamkeit Ihrer Zuhörerinnen und Zuhörer zu gewinnen und zu behalten. Die Leute sollen die nächsten Minuten die Finger vom Smartphone lassen, den vorherigen Text vergessen, die Gedanken von ihren Spaziergängen zurückholen, das Gespräch mit dem Nachbarn unterbrechen. Außerdem sollten Sie, wenn Sie die Aufmerksamkeit gewonnen haben und nun behalten wollen, die Absicht haben, irgendetwas beim Publikum zu bewirken. Kurz gesagt: »Das Verlangen zu kommunizieren ist der einzige gesunde Grund, jemals irgendwann eine Bühne zu betreten.«[34]

In der klassischen Rhetorik unterscheidet man die drei grundlegenden Redeintentionen *docere*, *delectare* und *movere*:[35] *Docere* bedeutet »belehren« oder »unterrichten«, ein solcher Text verfolgt vor allem das Ziel, Wissen und Erkenntnisse zu vermitteln. Das ist die Hauptintention einer akademischen Vorlesung, aber auch einer klas-

---

33 Vgl. Martin (1984).
34 Carter (1989), 8 (Übersetzung HP).
35 Vgl. zum Folgenden etwa V. Lehnert (2010), 43–60.

sischen katechetischen Predigt. *Delectare* heißt »erfreuen«. Das Ziel eines solchen Textes ist es, das Publikum zu unterhalten, sich seines Wohlwollens zu versichern, meist unter Einsatz komischer Elemente. *Movere* schließlich bedeutet »bewegen«. Solche Texte wollen starke, durchaus auch negative Gefühle erregen, besonders in der Politik kann man derartige Reden hören. Poetry-Slam verbinden die meisten Menschen mit Unterhaltung, weil viele, über die Veranstaltungsgrenzen hinaus bekannte Texte komische Elemente aufweisen. Das muss aber nicht sein, es kann durchaus auch um Wissensvermittlung gehen – Paradebeispiele hierfür sind die Texte auf *Science Slams,* bei denen (meist Nachwuchs-)Wissenschaftlerinnen Forschungsergebnisse in verständlicher Sprache unters Volk bringen, oft natürlich mithilfe des Humors. Eine Meisterin dieses Fachs ist Giulia Enders, die es mit ihrem Buch *Darm mit Charme* auf die Bestsellerlisten geschafft hat. Es gibt auch ausgesprochen wütende Slam-Texte, bei denen es oft um soziale Ungerechtigkeit oder individuelle Gewalterfahrung geht.

Wo auch immer Ihr Herz schlägt: Es hilft, wenn Sie sich irgendwann im Laufe des Schreibprozesses klar werden, was Sie mit Ihrem Text eigentlich wollen: Belehren oder informieren? Unterhalten? Bewegen? Das betrifft natürlich auch die Predigt im Gottesdienst. Eine klare Predigtabsicht, ein erkennbares Predigtziel (und damit ein eingrenzbares *Thema,* s. Kap. 4.1.3) helfen dabei, einiges an Langeweile und Verwirrung und Stress bei der Predigtvorbereitung zu vermeiden. Sie ist auch für die Performance entscheidend, im entsprechenden Kapitel wird daher noch eine weitere Möglichkeit der Identifikation und Ausgestaltung Ihrer Redeintention vorgestellt.

2.3.2 Eigene Erfahrungen

Es gibt in deutschsprachigen Predigten eine Tendenz zur Sterilität. Vielleicht liegt das an Abgrenzungstendenzen zur kitschigen Bekehrungs- und Zeugnispredigt mancher Freikirchen, sicherlich auch an den schlechten Erfahrungen, die man mit manipulativer Rede in der NS-Zeit gemacht hat. Aber so entstehen Predigten, die sich durch eine »gelehrte, aber kalte Pracht«[36] auszeichnen. Die mitunter

---

36 Bukowski (2017), 116.

betonte Gefühlskälte mancher Predigten, deren Betriebstemperatur auch durch Betulichkeit nicht merkbar erhöht werden kann, hat sicherlich auch etwas mit dem lange Zeit verpönten »Ich auf der Kanzel« zu tun. Wir predigen nicht uns selbst, hat Paulus bekanntlich geschrieben (2Kor 4,5) – zum Glück hält er sich selbst nicht an diesen Grundsatz, sondern bezeugt mit seiner ganzen Existenz das Evangelium. Auch biblisches Wissen über Gott ist uns nur durch persönliche, individuelle, menschliche Erfahrung vermittelt. In der Postmoderne mit ihren Authentizitätsdiktaten ist das von enormer Bedeutung. Und es wirkt sich nicht nur auf den Inhalt, sondern auch auf die Sprache aus.

Schreiben Sie ein paar Sachen auf, die Sie richtig, richtig toll finden. Seien Sie dabei möglichst konkret – wenn Ihnen »mit meinen Kindern zusammen sein« einfällt, dann veranschaulichen Sie das: Welche Situationen berühren Sie dabei besonders? Wenn Sie gern backen, welche Momente dabei sind für Sie die besten? Vielleicht fahren Sie gern Motorrad – was war Ihre bisher tollste Tour? Vergleichen Sie Ihren Text mit Ihrer letzten Predigt. Was fällt Ihnen auf?

2.3.3 Konkrete Sprache

Beim kreativen Schreiben, in Film- und Theaterwissenschaft gibt es den Grundsatz: *Show, don't tell – zeige, statt zu erklären.* Er zielt darauf ab, konkrete Sprache zu benutzen, die in Hörerinnen oder Lesern Bilder weckt, in denen »Gefühle und Stimmungen, Befindlichkeiten und Erfahrungen, Einstellungen und Einsichten unmittelbar« und »ohne den Weg über ausdrückliches Begreifen und Reflektieren anschaulich«[37] werden. Abstrakte Sprache ist nicht grundlegend falsch, sondern in Fachgesprächen sehr hilfreich. Sie bewirkt aber Distanz, und das ist bei einem Slam-Text oder einer Predigt, mit denen Sie ihr Publikum für ein paar Minuten in Ihre Welt einladen wollen, kontraproduktiv:

Abstrakte Sprache prallt vom Gehirn ab wie Murmeln von einer Teflonpfanne. Das Publikum kann sie vielleicht für den Moment greifen, aber sie bleibt nicht hängen.[38]

---

37 Waldmann (2016), 160.
38 Smith/Kraynak (2009), 51.

Zu den Kennzeichen abstrakter Sprache gehören:
- wenig bildreiche Adjektive (*laut, leise, schnell, groß, wichtig* usw.), die ein Bild oder einen Vorgang auf ein einziges Wort eindampfen;
- indirekte Rede, die die handelnden Figuren hinter einer Nebelbank aus Nebensätzen verschwimmen lässt;
- deutende Passagen, die dem Publikum eine bestimmte Interpretation des Geschilderten vorschreiben, statt sie selbst nachempfinden und entscheiden zu lassen;
- Substantive, die keine sinnlich wahrnehmbaren Phänomene beschreiben (solche auf *-schaft, -ung* und *-tion*).

Der US-amerikanisch-japanische Psychologe Samuel Ichiwe Hayakawa hat das Bild von der *Leiter der Abstraktion* entwickelt, an dem sich die Spannweite zwischen Bodenständigkeit und Abgehobenheit hervorragend darstellen lässt:

Abstrakt	Ökonomie	Kultur
	Vermögensbestand	Bildende Kunst
	Betriebsinventar	Fotografie
	Viehbestand	Porträt
Konkret	Bessie, die Kuh[39]	das Foto von Oma Else

Die untersten Stufen lassen sich noch weiter konkretisieren: Bessie kann ein buntgeschecktes Fell und einen Knick am rechten Ohr haben, der etwas damit zu tun hat, dass sie das Lieblingsvieh von Bauer Harms ist. Das Foto von Oma Else kann ein recht junges vom letzten Geburtstag sein, vielleicht ist es aber auch ein ausgeblichenes und stark zerknittertes Jugendbild ... Sie merken: Hier warten Geschichten darauf, erzählt zu werden!

Sortieren Sie folgende Begriffe auf der Leiter der Abstraktion ein und vervollständigen Sie diese, beschäftigen Sie sich vor allem mit der untersten Stufe: *Fußball, Lebensmittel, Religion, Postwesen, sagen, gehen, Frau, Kirche, Gebet.*

---

39 Holocher (2014), 67; zahlreiche weitere Beispiele finden Sie, wenn Sie im Internet nach »ladder of abstraction« suchen. Rishel (2002, 61 f.) nennt das semantische Mittelfeld »Allgemeinbegriffe«.

In Predigten zählen zur abstrakten Sprache auch die vielen großen christlichen Schlagwörter wie »Gnade«, »Liebe«, »Gerechtigkeit«, »Sünde« oder »Frieden«, die zwar theologische Richtigkeiten zusammenfassen, aber oft als leere Worthülsen daherkommen. In Abwandlung von Hayakawas Bild: Stellen Sie sich ein Bücherregal mit verschiedenen Fächern vor. Ganz weit oben, so weit, dass Sie vielleicht sogar einen Hocker brauchen, um dranzukommen, stehen schwere Dogmatiklehrbücher, dicke Philosophiewälzer, in denen man Definitionen lesen kann: Gott sei »die alles bestimmende Wirklichkeit«, »der Urgrund allen Seins« oder eine »transzendente Entität, der im Rahmen einer bestimmten Religion kultische Verehrung zuteilwird«. Ganz unten, dort, wo sich schnell der Staub sammelt und wo man sich bücken muss, um etwas herauszuholen, steht ein Großteil der biblischen Bücher. Texte, die nicht erklären, was Gott ist, sondern die erzählen, was er tut. Dazwischen (also dort, wo man schnell hingreifen kann) steht der ganze Rest: Direkt über den biblischen Büchern die Kommentare, die den Bibeltext auslegen und erklären. Etwas weiter oben die »Theologie des Neuen (oder Alten) Testaments«, also Werke, die versuchen, das Verbindende der verschiedenen Geschichten herauszuarbeiten. Noch weiter oben die Lehrbücher in Systematischer Theologie, die diese Erkenntnisse in einem größeren Denksystem verorten. Die Sprache vieler Predigten stammt vor allem aus den mittleren Regalfächern. Darauf bezog sich 2014 eine publikumswirksame Aktion des *Zentrums für evangelische Predigtkultur,* bei der Predigende eingeladen waren, sieben Wochen lang auf predigttypische »große Worte« zu verzichten.[40]

! Nehmen Sie sich die letzte Predigt oder Andacht, die Sie geschrieben haben, vor und sortieren Sie die entscheidenden Substantive und Verben in dieses Regal oder auf Hayakawas Leiter ein. Erkennen Sie einen Schwerpunkt?

Jesus und die Evangelisten waren übrigens wahre Meister, was konkrete Sprache angeht. Ein eindrückliches Beispiel hierfür ist das

---

40 www.ohne-grosse-worte.de – abgerufen 26.07.2018.

Gleichnis von der selbstwachsenden Saat (Mk 4,26–29): Jesus soll vom Himmel reden – und erzählt von der Erde!

Von Karl Barth stammt der bedenkenswerte Satz: Es ist nicht die Aufgabe von Kirche und Theologie, »mit einem auf der Erde aufgestellten Scheinwerfer den Himmel abzuleuchten«, sondern »die Erde im Lichte des Himmels zu sehen und zu verstehen.« Stellen Sie sich das bildlich vor als Lichtstrahl, der auf die Erde fällt. Was ist in diesem Lichtkegel zu erkennen?

Konkrete Sprache braucht mehr Wörter als abstrakte Sprache. Das heißt im Umkehrschluss natürlich nicht, dass besonders wortreiche Texte automatisch konkret sind. Aber rechnen Sie damit, dass Sie auf gleichem Raum weniger Themen unterbringen können. Das macht aber dann gar nichts.

Formulieren Sie die folgenden Sätze in bilderreiche, konkrete Sprache um, zeigen Sie, statt zu erklären: *Anna war sehr traurig, sogar verzweifelt. – Oma ist eine gute Köchin. – Dunkelheit empfinden viele Menschen als bedrohlich. – Alex liebte sie nicht mehr, daran bestand kein Zweifel. – Es war ein herrlicher Herbsttag! – Gott ist die Liebe (1Joh 4,16). – Martha aber machte sich viel zu schaffen, ihm zu dienen (Lk 10,40).*

Konkrete Sprache transportiert über den reinen Inhalt hinaus auch Sinneseindrücke und erzeugt Emotionen. Der US-amerikanische Philosoph und Literaturwissenschaftler Philip Wheelwright nennt sie deswegen auch »expressive« oder »tiefe« Sprache, in der amerikanischen Homiletik und Literaturwissenschaft spricht man mitunter von der »Sprache der Transzendenz« oder der »Sprache der Inkarnation«.[41]

2.4 Materiales Handwerkszeug

2.4.1 Schreibmaterial

Wenn Sie es nicht schon wissen, werden Sie beim Schreiben merken, womit das am besten gelingt. Manche schreiben alles von Hand, andere können schnell tippen. Es lohnt sich zu variieren: Manchmal

---

41 Willobee (2002), 90.

braucht der Prozess eine Verlangsamung, die das Schreiben von Hand bewirkt. Und manche Ideen sind so flüchtig, dass sie schnell aufgeschrieben werden wollen. Ratsam ist auf jeden Fall, ein handliches Schreibbuch anzulegen, das Sie überall mit hinnehmen können, um zwischendurch Beobachtungen, Text- oder Wortideen aufzuschreiben. Um die Angst vor dem leeren Blatt zu minimieren, empfehlen viele Schreiblehrerinnen, kein allzu teures Schreibmaterial zu benutzen: Das ledergebundene Notizbuch aus handgeschöpftem Büttenpapier fühlt sich toll an, verleitet aber dazu, nur druckreife Texte in Schönschrift hineinschreiben zu wollen (und bleibt dann oft leer).

Wenn Sie von Hand schreiben, sollten Sie einen Stift wählen, der wenig Druck braucht. Deswegen sind Kugelschreiber weniger geeignet als Bleistifte, Fineliner oder Füllfederhalter. Allerdings gilt auch hier: Ehe Sie sich selbst mit hochpreisigem Schreibgerät blockieren, greifen Sie lieber zu denjenigen Stiften, die Sie auch im Alltag benutzen. Ein Tipp aus der Praxis: Dokumentenechte Stifte sind etwas teurer, dafür ärgern Sie sich nicht, wenn Sie nach Jahren alte Notizen hervorholen und diese schlecht lesen können, weil die Schrift auf dem Papier verschwommen ist.

2.4.2 Hilfsmittel

Die unüberschaubare Menge an Hilfsmitteln und literarischen Werkzeugkästen lässt sich grob in zwei Gruppen einteilen. Beim sprachlichen Feinschliff helfen Reimlexika, Grammatikhilfen, Thesauri, Synonymwörterbücher (hier bietet das Internet mittlerweile eine ganze Menge), aber auch die Diktierfunktion in Ihrem Smartphone, mit der Sie eigene Texte noch einmal mit fremden Ohren hören können. Um den Schreibprozess in Gang zu bringen, gibt es Bücher wie dieses, also Sammlungen von kreativen Schreibübungen, Apps oder Webseiten mit *writing prompts* (Schreibanregungen). Dazu können auch handgreifliche Medien gehören, mit deren Hilfe Sie Buchstaben, Wörter oder Sätze spielerisch neu anordnen, von den vor einigen Jahren überaus populären Kühlschrankmagneten über Erzählwürfel bis hin zu Buchstabensuppe und Russisch Brot. Es gilt die alte Medizinerweisheit: Erlaubt ist, was hilft!

Oder wie wäre es damit, wenn ich Ihnen einmal das mir Naheliegendste beschreibe, meinen Arbeitsplatz? [...] Der Blick geht hinaus auf meinen prächtigen, ungezähmten Garten, in dem sich die zamonische Kleinflora dramatische Existenzkämpfe liefert, die der Befruchtung meiner Einbildungskraft nicht unzuträglich sind. [...] [Es] finden sich meine mir liebsten Lexika und Nachschlagewerke nur auf Armeslänge von mir entfernt: zunächst natürlich das *Zamonische Wörterbuch von A-Z* [...]. Ich benutze es nie [...], aber es ist ein gutes Gefühl für einen Schriftsteller, seine Muttersprache komplett zwischen zwei Buchdeckeln gebündelt und gebändigt zu sehen. [...] Direkt daneben das *Zamonische Namensregister*. [...] Ja, ich entlehne ihm gelegentlich die Namen meiner Romangestalten [...]. Wenn man sich selber Namen ausdenkt, neigt man entweder zum Überschwang oder zur Banalität [...]. Ein Grimassenspiegel, wichtig zum Erproben und Beschreiben von Gesichtsausdrücken, stundenlang könnte ich Fratzen schneiden. [...] [L]assen Sie uns zunächst einen Blick *unter* den Tisch werfen, denn dort befinden sich meine vielbenutzen Interpretationsschubladen. Ich habe nicht die geringste Vorstellung davon, woher meine Ideen kommen, aber ich weiß, womit ich sie am besten hervorrufen kann: Mit Aromen. [...] Eine Schublade ist gefüllt mit Zimtstangen (Zimtgeruch ruft bei mir Spannungs- und Abenteuerliteratur hervor), eine andere mit getrocknetem Lorbeer (weckt meinen Witz), eine mit Koriander (gut für Tiefschürfendes), eine mit Muskat (Orientalisches, Märchen), eine mit Seetang (natürlich nautische Assoziationen), eine mit grünem Tee (läßt mich unvermittelt reimen, keine Ahnung wieso), eine mit Rosinen (befördert meinen Sinn für Avantgardistisches), eine mit Schwefel (Schauerliteratur), eine mit Heu (Schäferdichtung), eine mit Asche (Trauriges, Tragik), eine mit Laub und Walderde (Naturbeschreibung, zur Zeit weit herausgezogen) und noch Dutzende mehr.[42]

Walter Moers bzw. sein Alter Ego Hildegunst von Mythenmetz, wird hier aus drei Gründen ausführlich zitiert. Erstens gehört er zu den besten und kreativsten deutschsprachigen Erzählern der Gegenwart und thematisiert in seinen Zamonien-Büchern immer wieder den Schreibprozess.[43] Zweitens erinnert er daran, dass sinnliche Eindrücke den Schreibprozess maßgeblich beeinflussen: Gerüche, Bilder und Klänge wecken Erinnerungen und Emotionen, sowohl beim Schreiben als auch beim Wahrnehmen eines Textes. Drittens steht er stellvertretend für alle seine Kolleginnen und Kollegen: Ideale Hilfsmittel beim Schreiben sind Texte anderer Autoren, die Sie bewundern, abschreiben, auswendig lernen, nachahmen, zitieren, parodieren, variieren, weiterspinnen und als Sprungbrett für eigene Ideen nutzen können, in denen Ihnen vielleicht ein Schreibstil begegnet, der auch Ihrer sein oder werden kann, in denen Sie

---

42 Moers (2000), 46–49.
43 Vgl. Moers (1999 und 2004).

ein Wort, ein Bild finden, das Sie nicht mehr loslässt. Kurzum: Wer schreiben will, muss lesen. Und hören. Das führt zum wichtigsten Werkzeug überhaupt: dem eigenen Spaß am Wort.

2.4.3 Spaß am gehörten und geschriebenen Wort

Ihr erstes Publikum sind Sie selbst. Ihre entscheidenden Sujets sind Ihre eigenen Erfahrungen, Lebensfragen und Erlebnisse. Ihre wichtigsten Hilfsmittel sind Ihre Ohren und Augen, Ihr Entdeckergeist, die Neugier auf Wörter und Geschichten, die Faszination für ungewöhnliche Ausdrücke und Formulierungen, die das Bekannte sprengen und einen neuen Blickwinkel auf die Welt ermöglichen. Deswegen:

> Hören Sie Ihrer Umwelt zu, nehmen Sie sie in sich auf, so dass sie in Sie eindringen kann. Wenn Sie sich dann zum Schreiben niedersetzen, wird sie aus Ihnen herausströmen. […] Zuhören heißt aufnahmebereit sein. Je intensiver Sie zuhören können, um so besser schreiben Sie.[44]

Aufmerksames Hinhören, Beobachten und Lesen ist, wie fast alles, Trainingssache. Auch deswegen lohnt es sich, feste Zeiten dafür einzuplanen. Mit der Zeit werden so Ihre Sinne geschärft.

Nehmen Sie sich ein bis zwei Stunden Zeit. Setzen Sie sich ins Café, in eine Kneipe, an einen Bahnsteig, auf einen Marktplatz. Notieren Sie alles, was Sie hören: Geräusche, Gesprächsfetzen, Lautsprecherdurchsagen. Wenn Sie wieder zu Hause sind, nehmen Sie die Notizen noch einmal zur Hand. Gibt es etwas, an dem Sie weiterschreiben wollen?

2.5 Erste Schreibübungen

2.5.1 Den inneren Zensor ausschalten

Ein entscheidender Schritt bei jedem kreativen Prozess ist es, die Filter im Kopf auszuschalten, die jeden Gedanken automatisch in brauchbar/unbrauchbar, gut/schlecht, klug/blöd, schön/schäbig und ähnliche Schubladen sortieren. Sobald das theologisch aufgeladene Genre »Predigt« auch nur an den Rand des Blickfelds kommt, wird dies durch dogmatische oder frömmigkeitsspezifische Kategorien noch verstärkt.

---

44 Goldberg (2014), 71.

Wahrscheinlich werden Sie auch mit diesem Filter im Kopf gute, vielleicht sogar sehr gute Texte schreiben. Auf Dauer ist es aber produktiver, wenn Sie es schaffen, ihn für den Moment auszuschalten. machen Sie sich klar: Entscheiden können Sie erst, wenn Sie Ihre Ideen aufgeschrieben haben. Sie haben später (s. Kap. 4) noch genug Gelegenheit zum Filtern. Wenn also irgendwo Ihre inneren theologischen Wachhunde anfangen zu knurren, freuen Sie sich, dass Sie sie gut trainiert haben, geben Sie ihnen ein Leckerli, aber lassen Sie sie nicht von der Kette. Beruhigen Sie sie vielmehr: Wir wollen nur spielen!

Wenn der innere Zensor Sie öfter belästigt, dann gilt der alte TZI-Grundsatz: Störungen haben Vorrang. Beschäftigen Sie sich mit Ihrem inneren Zensor. Geben Sie ihm (oder ihr) eine Stimme. Was würde er sagen? Was stört sie? Woher kommen seine/ihre Einwände, was steckt dahinter? Schreiben Sie ihm/ihr einen Brief, in dem Sie auf seine/ihre Kritikpunkte eingehen. Komplimentieren Sie ihn/sie dann zur Tür hinaus. Er/sie darf später wiederkommen.

Die hier vorgestellten grundlegenden Schreibübungen können Sie zu Beginn Ihrer Schreibzeit als Aufwärmtraining benutzen. Vielleicht begegnet Ihnen dabei schon der eine oder andere Gedanke, an dem Sie dranbleiben wollen.

2.5.2 Free Writing/Automatisches und assoziatives Schreiben

Nehmen Sie Stift und Papier zur Hand und stellen Sie sich eine Eieruhr. Fünf Minuten sind gut, zehn sind besser. Fangen Sie an zu schreiben. Hören Sie nicht auf. Lassen Sie den Stift über das Papier laufen, ohne innezuhalten. Streichen Sie nichts durch, kümmern Sie sich weder um Grammatik noch um Rechtschreibung. Wenn Ihnen überhaupt nichts einfällt, malen Sie einfach Kreise und Schnörkel – bleiben Sie in Bewegung. Wenn die Zeit um ist, machen Sie eine kleine Pause und lesen Sie dann das Geschriebene durch. Vielleicht stoßen Sie dort auf einen Satz, einen Gedanken, an dem Sie weiterarbeiten möchten.

Free Writing ist Bestandteil vieler kreativer Therapieformen. Möglicherweise werden Sie merken, dass plötzlich Dinge an die Oberfläche kommen, Gedanken oder Gefühle, die Sie sonst nicht unbedingt in Worte fassen. Versuchen Sie trotzdem oder gerade dann, am Ball zu bleiben – wenn das passiert, sind Sie vielleicht sehr tiefen Regungen auf der Spur. Das, was Sie persönlich bewegt, ist eine gute Basis für einen interessanten Text. Hinterher können Sie die Seite immer noch rausreißen und verbrennen oder zwischen den hinteren Seiten Ihres Tagebuchs verstecken.

Etwas zielgerichteter ist *assoziatives Schreiben,* bei dem Sie zumindest anfänglich eine Richtung vorgeben. Das kann ein bestimmtes Thema sein, ein Bild, das Sie als Vorlage nehmen, oder ein Musikstück, das Sie beim Schreiben hören.

Suchen Sie im Internet oder in einem Kunstband nach Albrecht Dürers *Betenden Händen.* Drucken Sie das Bild aus und legen Sie es vor sich, so, dass Sie es immer im Blick haben. Schreiben Sie zehn Minuten lang darüber. Machen Sie dann eine Pause und nehmen Sie das Geschriebene nochmal zur Hand: Welche Formulierungen möchten Sie behalten und weiterspinnen, welche Aspekte sind Ihnen neu aufgefallen?

2.5.3 Geräusche schreiben

Onomatopoesie ist ein hübsches Fremdwort für Lautmalerei, also für Geräusche, die versprachlicht werden. Dazu gehören Verben, die verraten, wie eine Tätigkeit klingt (summen, brummen, rieseln, reißen, klopfen, schleichen, stolpern, …), aber auch typische Elemente von Comicsprache (RRRRUMMS!, ZACK!, PENG!, PIEP!, …). Die folgende Übung trainiert das Hören, außerdem kann sie Ihr stilistisches Spektrum erweitern, weil sie hilft, (laut-)malerische Sprache wiederzuentdecken.

Setzen Sie sich mit Stift und Papier irgendwohin, wo Sie möglichst vielen Geräuschquellen ausgesetzt sind. Schreiben Sie diese Geräusche auf. Wenn Sie irgendwann ein Gefühl für die Dynamik um Sie herum entwickeln, spielen Sie mit den Geräuschen: Komponieren Sie die Symphonie einer Straßenkreuzung, lassen Sie eine Amsel und einen anfahrenden Linienbus in einen akustischen Wettstreit treten, den Sie dann noch aus der Perspektive eines Sportreporters kommentieren können.

2.5.4 Den Alltag beschreiben

Ein Schriftsteller muss das Leben, und alles, was dazu gehört, bejahen: Das Wasserglas, die Ketchup-Flasche auf der Theke, den Zuckerstreuer auf dem Tisch.[45]

Es gibt nichts, was nicht Gegenstand eines Textes werden kann. Das Alltägliche bietet eine Reihe Vorteile: Sie haben Ihren Gegenstand greifbar oder sichtbar vor sich. Sie gehen von etwas aus, das auch Ihren Hörerinnen oder Lesern bekannt ist. Außerdem sind die eigenen Erwartungen meist auf ein gesundes Maß heruntergeschraubt, wenn Sie sich vornehmen, einen Text über eine alte Kaffeekanne zu schreiben und nicht gleich mit so großen Themen wie »Liebe«, »Tod« oder »Frieden« anfangen.

Nehmen Sie sich einen Gegenstand, der greifbar vor Ihnen liegt. Nehmen Sie ihn in die Hand oder betasten Sie ihn. Beschreiben Sie ihn dann möglichst genau, von allen Seiten und unter Berücksichtigung aller Sinneseindrücke: Aussehen, Farbe, Form, Oberflächenstruktur, Geruch und so weiter.

Manchmal entstehen schon aus solchen detaillierten Beschreibungen Impulse, die zur Weiterarbeit reizen. Vielleicht fehlen Ihnen bestimmte Fachwörter für die genaue Beschreibung – wenn Sie die nachschlagen, vergrößern Sie automatisch Ihren Wortschatz. Vielleicht fallen Ihnen Unebenheiten, Brüche oder Kratzer auf, hinter denen sich eine Geschichte verbirgt.

Nehmen Sie sich Ihre Gegenstandsbeschreibung noch einmal vor und machen Sie ein Rätsel daraus. Die Grundregel ist: Nur drei Beschreibungselemente dürfen übrigbleiben. Welche das sind, hängt von Ihren Kriterien ab: Wählen Sie diejenigen aus, anhand derer der Gegenstand sofort erkennbar ist. Oder solche, bei denen das schwerfällt. Oder solche, die für diesen einen besonderen Gegenstand charakteristisch sind, für andere nicht. Oder diejenigen, die Sie für besonders gelungen halten.

---

45 Goldberg (2014), 62.

Indem Sie einen Gegenstand beschreiben, treten Sie in Beziehung dazu. Wenn er sich schon in Ihrem Besitz befindet, dann besteht auch diese Beziehung schon etwas länger.

✏ Lassen Sie den Gegenstand seine Geschichte erzählen: Wo kommt er her? Wie ist er in Ihren Besitz gekommen? Was haben Sie gemeinsam erlebt? Wie sieht Ihr Alltagsleben aus seiner Perspektive aus?

2.5.5 Erste Spielformen

Manchmal hilft eine feste vorgegebene Struktur dabei, Eindrücke festzuhalten, Gedanken zu ordnen und sich auf Wesentliches zu konzentrieren (mehr dazu später). Zu den in Schreibwerkstätten besonders beliebten Formen gehören, weil sie kein besonders literaturwissenschaftliches Wissen voraussetzen und schnell zu bearbeiten sind, *Elfchen* und *Haiku*.

Elfchen

Elfchen sind reimlose Gedichte mit einer festen Struktur: Fünf Zeilen mit insgesamt elf Wörtern, deren Anzahl pro Zeile festgelegt ist und die typische, an einen Tannenbaum erinnernde optische Struktur erzeugen.

X	Gegenstand des Gedichts
X X	Was macht das Wort aus der ersten Zeile (aus)?
X X X	Wo oder wie ist der Gegenstand der ersten Zeile?
X X X X	Was ist meine Haltung/Reaktion?
X	Abrundung des Gedichts

Mit der Form können Sie experimentieren, indem Sie zum Beispiel die Silbenzahl festlegen, Alliterationen, Anaphern oder Reime verwenden – oft ist das aber gar nicht nötig, weil die Form an sich klar und fantasieanregend genug ist.

✏ Sehen Sie sich dort um, wo Sie sich gerade befinden. Schreiben Sie mindestens fünf Elfchen zu Dingen, die Sie sehen, hören oder sonst irgendwie wahrnehmen.

Wenn Sie die Elfchen zu einem längeren Gedicht über Ihre aktuelle Umgebung verbinden wollen, machen Sie sich Gedanken, wie Sie die einzelnen Strophen anordnen: Durchschreiten Sie den Raum von einer Seite zur anderen, flackert der Blick zwischen den Objekten hin und her? Lesen Sie die Elfchen laut vor und überlegen Sie, ob Sie beim Vortrag variieren, an manchen Stellen lauter, leiser, schneller oder langsamer sprechen wollen.

Haiku

Das japanische Haiku[46] ist untrennbar mit der Strukturformel 5–7–5 verbunden. Ob es sich dabei um Worte oder Silben handelt, ist Ansichtssache, im Japanischen spielen andere Lauteinheiten als im Deutschen eine Rolle. Auf jeden Fall zwingt die kompakte Struktur zu Präzision und Klarheit. Irgendjemand hat Haiku einmal mit Tuschezeichnungen verglichen: Wenige wohlgesetzte Pinselstriche ergeben ein Bild und lassen gleichzeitig viel Raum, der vom Betrachter gedanklich ausgefüllt wird.

Inhaltlich beziehen sich Haiku folglich auf die äußere Gegenwart, auf Beobachtungen in Natur und Umwelt, sie eignen sich daher sehr gut für das Einüben von konkreter Sprache. Ihre Bedeutung geht dabei nicht in der bloßen Weltbetrachtung auf, sondern erschließt sich erst im Lesen selbst und in den Gedanken und Gefühlen, die sie hervorrufen. Manche Haiku-Anleitungen in deutschsprachigen Schreibschulen enthalten daher die Anweisung, in der dritten Zeile dem Gedicht eine überraschende Wendung zu geben. Ein konstruiertes Beispiel (die typische 5–7–5-Struktur wird hier durch die Anzahl der Wörter realisiert):

Kohlweißlinge tanzen im sommergrünen Park
um den Stamm der alten Buche herum
liegen zerbrochene Bierflaschen und Nadeln.

Setzen Sie sich in eine Kirche. Schreiben Sie zehn Haiku. Achten Sie auf konkrete Sprache, versuchen Sie, in mindestens fünf Gedichten eine überraschende Wendung einzubauen. Auch, wenn es sich hier inhaltlich gesehen nicht mehr wirklich um Haiku handelt – nutzen Sie

---

46 Vgl. Golly (2015), bes. 134–139.

die strenge Form, um sich in Präzision und Konkretheit zu üben. Wenn es Ihnen schwerfällt, eine Wendung einzubauen, konzentrieren Sie sich zunächst auf die ersten beiden Zeilen und legen Sie dann eine Liste mit Gegenständen oder Handlungen an, die im starken Kontrast zum Bisherigen stehen, die man dort nicht erwarten würde.

Im Japanischen können Haiku unter anderem deswegen so kurz sein, weil sie Codes benutzen, geprägte Wörter oder Phrasen *(Kigo)*, die auf die Jahreszeiten und ihre Assoziationsfelder verweisen. So sind jeder Jahreszeit Begriffe aus den Bereichen Natur (Wetter, Tageszeiten, Pflanzen, Tiere, Landschaften) und Kultur (Kleidung, Tätigkeiten, Feiertage) zugeordnet. Dafür gibt es spezielle Nachschlagewerke *(Saijiki)*, in denen ein anerkannter Assoziationskanon festgeschrieben wird. Im Deutschen lässt sich das nicht so ohne Weiteres nachmachen, trotzdem kann es auch als Brainstorming-Methode hilfreich sein, sich Kigo-Listen anzulegen und diese als Bildervorrat zu benutzen.

! Sammeln Sie Assoziationen, die Sie mit bestimmten Kirchenjahreszeiten, Feiertagen oder besonderen Tageszeiten verbinden: Wetterverhältnisse, Tiere, Pflanzen, Naturphänomene, Kleidung, Gerüche, Lebensmittel usw. Konzentrieren Sie sich auf Dinge, die sinnlich wahrnehmbar sind. Versuchen Sie, theologischen Konzepten und Begriffen solche sinnlich wahrnehmbaren Dinge zuzuordnen: Wie riecht Gnade? Wie fühlt sich Liebe an? Welches Wetter erinnert an Rechtfertigung?

Akrosticha

Ein *Akrostichon* ist ein Gedicht, bei dem die Anfangsbuchstaben der Verse oder Strophen nach oben oder unten gelesen ein Wort oder eine Wortfolge ergeben. Sie haben in der jüdisch-christlichen Dichtung eine lange Tradition, zu den bekanntesten gehört das Fischsymbol *(ichthýs)*, ein Credo in Kurzform:

I	Ἰησοῦς	Jesus
X	Χριστός	Christus
Θ	Θεοῦ	Gottes
Υ	Υἱός	Sohn
Σ	Σωτήρ	Retter

Der Ichthys-Aufkleber, der manche Heckscheibe ziert, hat frappierende Ähnlichkeit mit dem Logo einer bekannten Fisch-Fast-Food-Kette. Schreiben Sie einen Text, in dem eine Verwechslung eine Rolle spielt.

Akrosticha sind eine beliebte Methode in Vorstellungsrunden, sie bieten die Möglichkeit, sich selbst gleich mit ins schreibende Spiel zu bringen.

Schreiben Sie Ihren Namen senkrecht auf, sodass neben jedem Buchstaben genug Platz zum Schreiben ist. Schreiben Sie in jede Zeile ein Adjektiv, das Sie beschreibt. Oder ein Verb, das für Sie typische Tätigkeiten bezeichnet. Oder verwenden Sie Substantive, die Dinge beschreiben, die Ihnen wichtig sind. Oder nehmen Sie Wörter, die für Ihr Glaubensleben oder Ihre Glaubensbiografie zentral sind.

Akrosticha können Eselsbrücken darstellen, aber auch zum Brainstorming eingesetzt werden.

Schreiben Sie einen biblischen Ortsnamen senkrecht auf. Notieren Sie hinter jedem Buchstaben das, was Ihnen zu diesem Ort einfällt.

Ein herausragendes Beispiel aus der religiösen Dichtung ist Paul Gerhardts *Befiehl du deine Wege* (EG 361), bei dem die ersten Wörter jeder Strophe von oben nach unten gelesen das Lied zusammenfassen.

Eine Art Akrostichon ist das *Abecedarium,* bei dem die Anfangsbuchstaben der Verse oder Zeilen das Alphabet bilden. Biblische Beispiele hierfür finden sich in den Psalmen (z. B. Ps 37; Ps 111; Ps 112; Ps 119). Abecedarien sind oder waren besonders in der Pädagogik verbreitet, weil sie mnemotechnisch einsetzbar sind und Inhalte zum Teil über ganze Bücher hinweg strukturieren können. Der deutsch-persische Dichter SAID hat dieses Prinzip in seinem Bestiarium *Das Tier, das es nicht gibt* aufgegriffen.

Schreiben Sie das ABC Ihres Glaubens. Wenn Ihnen die Übung zu simpel erscheint, machen Sie es sich ein bisschen schwerer, indem Sie sich Regeln auferlegen, zum Beispiel nur Verben zu benutzen. Oder indem Sie Dinge tabuisieren, etwa Wörter aus bestimmten Fächern des theologischen Abstraktionsregals. Oder alles, was innerhalb der Kirchenmauern seinen Platz hat – das fördert den Gebrauch unverbrauchter Sprache und Bilder.

Zevenaar

Ein weiteres Formgedicht ist das *Zevenaar* (nl. Siebener), das, kaum überraschend, aus sieben Zeilen besteht. Sein Reiz besteht einerseits in der filmhaften Zoom-Bewegung, andererseits in der Wiederholung des Anfangs, also in folgendem Muster:

1. Zeile	Hinführung zu einem Ort
2. Zeile	Handlung des lyrischen Ichs
3. Zeile	Frage oder Vergleich
4. Zeile	Fokus auf ein Detail
5. Zeile	Zoom auf das Detail
6. und 7. Zeile	Wiederholung der ersten und zweiten Zeile

Zevenaars eignen sich besonders, um Räumen und ihren Wirkungen auf die handelnden Figuren auf die Spur zu kommen (s. Kap. 6.5.2). Sie können auch benutzt werden, um die Dynamik biblischer Figuren nachzuzeichnen oder zu verdeutlichen, etwa der Samaritanerin am Jakobsbrunnen (Joh 4,5–26):

> Die Luft flimmert über Jakobs Brunnen.
> Ich will nur schnell Wasser holen.
> Schaffe ich es unerkannt hin und zurück?
> Da sitzt am Brunnenrand einer
> Das Haar klebt an der Stirn.
> Die Luft flimmert über Jakobs Brunnen.
> Ich will nur schnell Wasser holen.

2.6 Lyrisches Handwerkszeug

Schon die Bezeichnung Slam-*Poetry* deutet die historische Entwicklung des Eventformats aus den Dichterlesungen und eine der beliebtesten Textgattungen an. Obwohl Lyrik aufgrund langweiliger Deutschstunden mitunter einen schlechten Ruf hat, ist die kreative Auseinandersetzung mit alter und neuer Dichtkunst besonders dazu geeignet, das eigene schreiberische Potenzial zu erweitern:

Poesie ist der Versuch, den alten Kontrakt zwischen Welt und Sprache neu zu ratifizieren, um die Energie der Sprache sinnlicher zu machen. Wörter werden in neue Zusammenhänge gebracht, es wird mit Dissonanzen und Konsonanzen, Differenzen und Redundanzen, Klängen und Rhythmen gespielt und gearbeitet.[47]

Lyrik lebt von der buchstäblichen Verdichtung der Sprache. Stärker als in anderen Textgattungen geht es bei Gedichten darum, alles Überflüssige wegzulassen (s. Kap. 4.1). Eine schöne Methode, um aus vorhandenen Texten Neues zu schaffen und Fokussierung und Konzentration zu üben, ist die von Austin Kleon[48] erfundene *Blackout Poetry*:

Nehmen Sie sich einen schwarzen Filzstift und eine Zeitung oder ein Buch, das Sie nicht noch einmal lesen wollen. Suchen Sie sich eine Seite aus und überfliegen Sie sie. Wenn Wörter, Sätze oder Satzfetzen Sie ansprechen, ziehen Sie mit dem Stift einen Kreis oder einen Kasten darum. Gehen Sie den Text mehrfach durch. Wenn Sie nichts mehr finden, lesen Sie noch einmal nur das von Ihnen Eingerahmte. Schwärzen Sie dann alles, was Sie nicht brauchen. Fertig ist Ihr Gedicht! Oder?

2.6.1 Reimen
Lust und Last des Reimens
Das Reimen schien lange Zeit aus der Mode gekommen. Spätestens seit Bertolt Brecht galt die Maxime, auch lyrische Sprache »sollte ganz dem Gestus der sprechenden Person folgen«[49], und im täglichen Leben sprechen wir nun einmal selten in Reimen. Die Renaissance deutschsprachiger Popmusik jenseits des Schlagers, insbesondere Hip-Hop, und nicht zuletzt die Poetry-Slam-Szene haben allerdings das Reimen wieder salonfähig und bühnentauglich gemacht, wenn auch unter anderen stilistischen Prämissen. Dirk von Petersdorff spricht von neuen Gedichten, die »populär und rauh« klingen und damit wenig mit den »zu glatt und akademisch« scheinenden Reim-

---

47 Huizing (2016), 127.
48 Für noch viel mehr Anregungen s. Kleon (2015).
49 Brecht (1938/1967), 403.

schemata der Hochdichtung vergangener Epochen zu tun haben.[50] In englischsprachigen Schreibschulen wird gern darauf verwiesen, dass sich im Reimen Handlungsimpulse und Betrachtungsweisen konzentrieren, die dichterisches Wirken allgemein auszeichnen: »In der Poesie geht es zu einem großen Teil darum, Beziehungen zwischen Wörtern zu gestalten«,[51] »als Muster suchende, beziehungshungrige Wesen suchen wir immer danach, wie ein Ding mit anderen zusammenklingt.«[52] Deswegen lohnt sich das Spiel mit dem Wortklang auch dann, wenn Sie auf der Kanzel kein Reimfeuerwerk entzünden wollen. Es verändert den kreativen Prozess: Neue Wörter tauchen auf, andere Bedeutungsfelder öffnen sich. Die Form hat Rückwirkungen auf den Inhalt, weil die Suche nach einem Reim die Richtung eines Satzes, Verses oder eines ganzen Textes verändern kann.

Der alte Witz vom *Märtyrer/Mehrtürer* reizt das mögliche Reimspektrum noch lange nicht aus. Notieren Sie alle Wörter, die sich darauf reimen und sich irgendwie auf Jesus beziehen (z. B. *Aufrührer,* es gibt noch mehr). Lösen Sie sich dann von diesem Reim und machen Sie es sich zur Aufgabe, weitere Reimpaare zu finden – kümmern Sie sich dabei noch nicht um theologische Korrektheit oder sprachliche Richtigkeit, seien Sie kreativ und erfinden Sie neue Wörter.[53]

Natürlich bleibt Reimen ein riskantes Unterfangen, weil man hier vor den kritischen Ohren des Publikums den schmalen Pfad zwischen Plumpheit und Affektiertheit betritt:

[Es gibt] offensichtliche Reimklischees […], und man verfällt nur allzu schnell in diese Muster. Nichts ist ermüdender für das Ohr als eine Abfolge hochgradig vorhersehbarer und plumper Reimworte. Das Gegenstück dazu ist natürlich Raffinesse. […] Mehr als jede andere lyrische Technik wird es von den Leuten als Ausdruck unbestreitbarer Kunstfertigkeit erkannt.[54]

---

50   Von Petersdorff (2017), 43.
51   Sweeney/Williams (2008), 133 (Übersetzung HP).
52   Fry (2005), 124 (Übersetzung HP).
53   Einen Beispieltext finden Sie in Kap. 3.
54   Sweeney/Williams (2008), 135 (Übersetzung HP).

Das spricht keinesfalls gegen den Einsatz von Reimen, sehr wohl aber für sorgfältiges Arbeiten. Dazu bekommen Sie im Folgenden ein paar Anregungen. Los geht es mit einer Reaktivierung von altem Schulbuchwissen.

Reimformen

Vielleicht erinnern Sie sich: Es gibt *ein- und mehrsilbige Reime (alt/ kalt, Leben/weben, prächtige/mächtige)*. Je mehr Silben den Reim bilden, desto schwieriger sind sie in der Regel zu finden. Gleiches gilt für die sogenannte *Reinheit* des Reims – unreine Reime *(Heere/ höre)* lassen sich oft leichter finden als reine *(Heere/schwere)*. Reimlexika können hier inspirieren und manche Spuren legen, auf die man selbst nicht gekommen wäre.[55]

Notieren Sie ein paar Wörter aus dem kirchlichen oder religiösen Grundwortschatz. Einsilbige *(Brot, Tisch, Dank, Lob, Herz, …)*, zweisilbige *(Gnade, Leben, Glauben, Gebet, Orgel, …)*, dreisilbige *(Heiligkeit, Morgenstern, Abendmahl, …)* und viersilbige *(Dreifaltigkeit, Orgelpfeife, Klingelbeutel, …)*. Reimen Sie drauflos, Sie können die Ergebnisse noch gebrauchen.

Es kann sein, dass sich bei den Übungen Wortfelder und Denkspuren eröffnen, auf denen Sie bleiben wollen. Tun Sie das. Wenn nicht, geht es mit ein bisschen Handwerkszeug weiter.

Die Komplexität von drei- und mehrsilbigen Reimen macht bloße Zufallstreffer extrem unwahrscheinlich. Sie können sich die Suche vereinfachen, indem Sie das einzelne Wort in seine klanglichen Bestandteile zerlegen und zunächst Reime auf kleinere Einheiten mit weniger Silben suchen. Mit der Zeit eröffnen sich so, vor allem, wenn Sie auch zunehmend unreine Reime akzeptieren, größere Wortfelder, die mögliche Querverbindungen sichtbar machen.[56]

---

55 Empfehlenswert, da besonders brauchbar, ist Steputat (2015).
56 Ein solches Reimkastensystem wird häufig von Rappern verwendet, s. https:// www.youtube.com/watch?v=TSAXCQiiCcY – abgerufen 26.07.2018.

Wort-	ket-	ten-	rei-	me
Mord	ret-	ten	Kei-	me
Ort	Bet-	ten	Stei-	ne
Board	wet-	ten	Lei-	ne
Fort	Klet-	ten	Bei-	ne
(Re-)kord	klet-	tern	Hei-	me

Beim Reimen spielt die Betonung eine Rolle – *Gebet* reimt sich nicht auf den Imperativ *gebet!*, *verstehen* nicht auf *hingehen*. Beim Schreiben übersieht man das manchmal, deswegen hilft es, laut zu denken. Vermeiden Sie Reime, die gegen die natürliche Betonung gehen – außer natürlich, Sie wollen den Stil von Büttenreden oder Karnevalspredigten bewusst parodieren.

Die Anordnung der Reime innerhalb eines Gedichts ist variabel. Zu den gängigsten Varianten gehören der *Paarreim* (aabb) und die nur wenig komplexere Variante, der *Kreuzreim* (abab). Sie binden die Verse eng aneinander, allerdings kann ein ganzer Text dadurch schnell eintönig wirken. Bei gesungenen Texten spielt das eine untergeordnete Rolle, weil das Klangbild durch die Musik erweitert wird. Viele Liederdichter bedienen sich einer Kombination, zum Beispiel Georg Neumark (*Wer nur den lieben Gott lässt walten*, EG 369): Im Reimschema ababcc wirkt der Paarreim am Ende als abschließende Zusammenfassung der Strophe, das Ganze hat also eine klare Funktion.

! Nehmen Sie sich das Gesangbuch. Lesen Sie ein paar Texte laut vor. Identifizieren Sie die Reimschemata, achten Sie besonders auf Wechsel der Reimformen. Lassen sich hier inhaltliche Absichten erkennen?

Eine andere weit verbreitete Form ist der *umarmende Reim* (auch als *umschließender*, *Spiegel-* oder *Blockreim* bezeichnet), bei dem, wie der Name schon verrät, ein Verspaar ein weiteres umschließt, in der einfachsten Form nach dem Schema abba. Er bietet den Vorteil, dass er den Spannungsbogen erweitert, allerdings sollte er aus Gründen der Aufmerksamkeitsökonomie nicht überspannt werden. Von einem *Schweifreim* spricht man dort, wo dem umarmenden Reim ein Paarreim vorausgeht. Klassisches Beispiel mit dem Reimschema aabccb ist das Abendlied von Matthias Claudius (EG 482). Er benutzt weitere klangliche Mittel, um eine entspannte Atmosphäre zu schaffen, er verzichtet weitgehend auf Zisch- und Plosivlaute, verwendet überwiegend abgedunkelte Vokale und Diphthonge, sorgt mit Alliterationen, Assonanzen und Halbreimen *(Himmel – hell, schwarz – schweiget, Wald – Wiesen)* dennoch für einen ruhigen Sprachfluss. All diese Stilmittel dienen der offenkundigen Absicht des Textes, der helfen soll, am Ende des Tages zur Ruhe zu kommen.

Legen Sie eine Liste mit Wörtern an, die Sie mit »Abendstimmung« verbinden. Alle Wortarten sind erlaubt, fangen Sie gern mit den Vorlagen an, die Claudius in seinem Gedicht bietet. Sie können auch stimmungsvolle Bilder zur Inspiration nutzen. Sortieren Sie sie dann nach »hellem« und »dunklem« Sprachklang. Wenn Sie ein bisschen synästhetisch veranlagt sind, sortieren Sie noch weiter: Welche Wörter fühlen sich hart, weich, warm oder kalt an?

Gewissermaßen einen atmosphärischen Gegenentwurf stellt Paul Gerhardts *Geh aus, mein Herz, und suche Freud* (EG 503) dar: Das Reimschema ist identisch (die Wiederholung des letzten Verses stammt nicht von Gerhardt selbst), aber Textabsicht und Sprachfluss sind gänzlich unterschiedlich. Versuchen Sie einmal, Claudius' Abendlied auf die Melodie von Gerhardts Frühlingslied zu singen – das geht ohnehin nur mit schmerzhaften Zugeständnissen an den Rhythmus, ergibt aber vor allem überhaupt keinen Sinn.

Nehmen Sie Claudius' Anfangsvers als Ausgangspunkt: *Der Mond ist aufgegangen*. Schreiben Sie danach ein eigenes Abendlied. Setzen Sie die Reime bewusst ein. Versuchen Sie auch, andere Stilmittel einzubauen, um die Atmosphäre zu verstärken.

Natürlich gibt es noch mehr Reimformen. *Haufen-, Reihen-* oder *Tiradenreime,* bei denen mehr als zwei Reimworte aufeinander folgen, sind in klassischer religiöser Dichtung selten, weil sie mit Komik assoziiert werden oder durch die Vehemenz des Klangbildes einen aggressiven Unterton bekommen. Aber das ist natürlich kein Ausschlusskriterium, schließlich offenbaren sie ein besonders hohes Maß an dichterischem Spieltrieb und garantieren eine erhöhte Aufmerksamkeit.

✏️ Holen Sie noch einmal Ihre Reimliste mit den abgestaubten Christustiteln hervor. Versuchen Sie nun, aus den Reimen Verse zu bilden. Achten Sie darauf, welche Wirkung insbesondere der Wechsel von Paar- und Haufenreimen hat. Spielen Sie damit und verfassen Sie ein kleines Gedicht mit dem biblischen Titel *Seht, welch ein Mensch!*

Bisher sind Ihnen *Endreime* begegnet, also Reime am Schluss eines Verses. Sie sind die häufigsten, weil das Ende eines Satzteils am längsten in Erinnerung bleibt und stilistische Mittel dort ihre größte Wirkung entfalten. Es gibt aber auch Reime im Versinnern, sogenannte *Binnenreime*. Ob ein Reim ein Binnenreim ist oder nicht, entscheidet oft das Druckbild und die Position des Zeilenumbruchs. Ein Beispiel aus dem Gesangbuch wäre EG 502 *(Nun preiset alle Gottes Barmherzigkeit)*. Wenn Sie sich diesen Text genauer angucken, erkennen Sie bereits eine mögliche Funktion des Binnenreims: Er dient dazu, lange Verse akustisch zu verkürzen und erhöht damit den lyrischen Puls.

Auf Geschwindigkeit und Dichte des Sprachflusses wirken sich auch *Schlagreime* aus, also das direkte Aufeinanderfolgen der Reimwörter. Ein klassisches Beispiel ist Rilkes *Panther,* in dem der Schlagreim die Unentrinnbarkeit der Situation des gefangenen Raubtiers verdeutlicht:

Sein Blick ist vom Vorübergehn der <u>Stäbe</u>
so müd geworden, dass er nichts mehr hält.
Ihm ist, als ob es tausend <u>Stäbe</u> gäbe
und hinter tausend <u>Stäben</u> keine Welt.[57]

In der klassischen religiösen Dichtung sind Schlagreime erwartungsgemäß selten, weil sie eine Art von Dynamisierung bewirken, die zum Stilempfinden mancher Epochen nicht passt. Ein Beispiel ist Philipp Nicolais *Wie schön leuchtet der Morgenstern* (EG 70), das verschiedene Reimschematat auf sehr wirkungsvolle Art und Weise miteinander kombiniert.

Eine sehr alte Reimform ist der *Stabreim,* bei dem ein Vers mehrere Alliterationen enthält. In manchen älteren Zwillingsformen (wie

---

57 Rilke (2017), 451.

frank und frei, Haus und Hof, Leib und Leben) hat er sich bis heute in der Umgangssprache erhalten.

Auch eine Art von Reim ist der *Kehrreim* oder *Kehrvers*, also Worte, Wortkombinationen oder ganze Verse, die refrainartig, unter Umständen in leichter Variation, am Ende einer Strophe wiederholt werden. Insbesondere im *Neuen Geistlichen Lied* kommt so etwas häufig vor, weil man sich hier an den Gestaltungskonventionen der Popularmusik orientiert. Die Wirkung solcher Kehrreime und Kehrverse liegt auf der Hand: Durch sie werden besonders wichtige Worte, Bilder oder Gedanken hervorgehoben. Auch in gänzlich prosaischen Reden können solche Refrains vorkommen.

Nennenswert sind außerdem *Halbreime* oder *Assonanzen*, also Wörter, die irgendwie ähnlich klingen, ohne dass sie gleich vollendete Reime nach allen Regeln der Kunst darstellen. Die klangliche Ähnlichkeit beruht hier auf gleichlautenden Vokalen:

Das war'n cooler Wintertag!
Wir sind verreist in die vereiste weiße Weite,
in verschneite entlegene Gegenden.[58]

Die größere Toleranz erlaubt hier den Einsatz einer Vielzahl halber Reimworte und verschiedener Reimformen in kaskadenartiger Form, die Text und Vortrag verdichten und dynamisieren, sie lassen sich auch an hervorgehobenen Stellen in ansonsten rein prosaischen Texten einsetzen.

Bloß keine Langeweile!

Wie bereits gesagt: Es gibt Reimklischees, die so vorhersehbar und verbraucht sind, dass sie langweilen. Zu den totgerittenen Reimen gehören in der romantischen Lyrik *Herz/Schmerz, Träume/Schäume* und *Sterne/Ferne*, im kirchlichen Sprachgebrauch *Not/Tod/Brot, Leben/geben, sterben/erben, Welt/(er)hält* und viele andere. In Liedern, bei denen das Zusammenspiel von Text und Musik das Klangbild prägt, verzeihen wir solche Klischees eher als bei gesprochenen Texten, bei denen sie unweigerlich an Grundschülerlyrik denken lassen. Liedtexte von Paul Gerhardt und Jochen Klepper funktio-

---

58 Bas Böttcher, in: Anders (2008), 86.

nieren auch als gesprochene Texte, weil sie nachträglich vertonte Gedichte sind, bei *Danke für diesen guten Morgen* sieht das schon ganz anders aus. Eine Strophe daraus (EG 334,5) soll dazu dienen, Ihren Sinn für handwerklich schlecht gemachte Lyrik zu schärfen – in die traditionsreiche Schmähkritik an diesem über alle Maßen erfolgreichen Lied muss man deswegen nicht einstimmen, weil für Liedtexte eben andere Regeln gelten.

> Danke, dass ich dein Wort verstehe,
> danke, dass deinen Geist du gibst.
> Danke, dass in der Fern und Nähe
> du die Menschen liebst.

Im Zugeständnis an den Singfluss holt Martin Gotthard Schneider einige Klassiker aus dem lyrischen Giftschrank hervor. Dazu gehört die alltagsfremde Umstellung *(Inversion)* der Satzteile (»dass deinen Geist du gibst«, »du die Menschen liebst«), der unreine Reim (verstehe/Nähe) und die inkonsequente Handhabung des unbetonten -e am Wortende (»Fern und Nähe«) – all das hat schon Martin Opitz in seinem *Buch von der deutschen Poeterey* 1624 als weit verbreitete Unarten gegeißelt. In Ihren Texten sollten Sie das vermeiden, es sei denn, Sie wollen bewusst parodieren.

Schreiben Sie eine Parodie auf *Danke für diesen guten Morgen.* Entweder als reine *Persiflage:* Sammeln Sie möglichst banale Anlässe zum Danken und setzen Sie diese in Verse, bemühen Sie sich dabei um möglichst viele stilistische Schnitzer.

Oder gestalten Sie die Parodie stärker als *Satire:* Sammeln Sie zweifelhafte Gründe. Danken Sie für das Ausstechen eines Konkurrenten, den gelungenen Abschluss eines betrügerischen Geschäfts, einen unentdeckten Seitensprung oder, in gut biblischer Tradition, für all das, was Sie *nicht* sind. Vielleicht entsteht hierbei etwas, das Sie bei einer Predigt über Lk 18,9–14 verwenden können.

Neben dem Risiko klischeehafter, langweiliger Reime besteht natürlich auch die Gefahr, ins andere Extrem zu verfallen und, gerade in schwierigen Fällen, zwar unverbrauchte, aber völlig abwegige *Zweckreime* zu finden, die dazu zwingen, unnötige Abzweigungen zu nehmen, weil sie inhaltlich nicht zum Rest des Textes passen oder einer gänzlich anderen Sprachwelt entstammen. Wo das passiert, taucht für den einzelnen Vers eine neue Schreibintention auf: Ich will nicht mehr irgendetwas sagen oder bewirken, sondern nur dieses eine Wort im Text unterbringen. Es wird äußerst schwerfallen, einen guten Text zu schreiben, in dem sich *Heiland* auf *Steilwand* reimt, *stills* auf *Pilz*, *Lebensodem* auf *Nebenhoden* oder *Wasserdampf* auf *Klassenkampf* und *Massenmampf* – es sei denn, einer dieser Vergleiche überzeugt Sie inhaltlich voll und ganz. Bei aller Freude am Sprachspiel: Reime haben eine Funktion, oder sie sind überflüssig, da hatten die Kritiker der alten kanonischen Lyrik schon recht. Das gilt allerdings, wie alle normativen Einschränkungen, für fertige Texte – im Schreibprozess und bei der Ideenfindung ist alles erlaubt.

Überaus kreativ bei der Findung unverbrauchter Reime sind Rapper, weil in der Hip-Hop-Szene sehr hohe Ansprüche an Originalität und generell an Sprachkunst herrschen.[59] Von den Wortkaskaden deutschsprachiger Sprechgesangskünstlerinnen kann man sich inspirieren lassen, zumal die Slam-Szene zumindest teilweise Überschneidungen mit manchen Hip-Hop-Milieus aufweist. Häufiger als in anderer Lyrik sind hier Binnen- und Haufenreime zu hören, die Ausdruck besonderer Virtuosität sind und zugleich den Puls erhöhen – letzten Endes ist Rap mehr Musik als Literatur. Damit hängt auch eine höhere Toleranz gegenüber Halbreimen und Assonanzen zusammen. Stilistische Unsauberkeiten werden bei einer starken Performance eher toleriert – das gilt auch für Poetry-Slam.

Ich bin der Meister der Streiche,
wenn's um Selbstbetrug geht,
ein Kleinkind vom Feinsten,
wenn ich vor Aufgaben steh.
Bin ein entschleunigtes Teilchen,
kann auf keinsten was reißen,
lass mich begeistern für Leichtsinn –
wenn ein andrer ihn lebt.[60]

---

59 Vgl. Wolbring (2015), 151–155.
60 Engelmann (2014), 24.

! Wenn Sie es sonst nicht tun: Hören Sie deutschen Hip-Hop. Achten Sie besonders auf die Reime und auf Wortneuschöpfungen – und staunen Sie, wie viel religiöse Metaphorik in zum Teil völlig neuen Bildern hier zu hören ist. Notieren Sie sich Formulierungen, die Sie besonders ansprechen oder an denen Sie selbst weiterarbeiten wollen.

Wie hoch die Toleranzschwelle für Assonanzen ist, hängt einerseits von der Performance ab. Manche Halbreime können durch die Aussprache reiner klingen, als sie es vom Schriftbild her sind. Andererseits kommt es auch auf den Rest des Textes an. Wenn Sie einen penibel sauberen Reim nach dem anderen abliefern, fällt ein Halbreim stärker auf und wird vom Publikum als dichterische Schwäche wahrgenommen. Wenn Sie insgesamt entspannter mit unreinen Reimen umgehen, wird das Publikum es auch tun – letzten Endes entscheiden Sie selbst.

Nehmen Sie sich eine Ihrer letzten Predigten oder schon einmal gehaltenen Andachten. Identifizieren Sie Passagen, die inhaltlich richtig wichtig oder verdichtet sind, an denen Ihre Predigtintention besonders hängt. Formulieren Sie diese Passagen um, indem Sie sich um möglichst viele Assonanzen (ein paar stecken in dieser Arbeitsanweisung) oder sogar Stabreime bemühen. Lesen Sie die Passage mehrfach laut durch, vielleicht sind danach einige Umformulierungen oder Umstellungen nötig. Was verändert sich über die reine Wortebene hinaus?

Ein beliebtes Mittel zur Dynamisierung metrisch gebundener Texte (also Gedichte mit festem Taktschema), zum Erzielen von Überraschungseffekten und nicht zuletzt zur eigenen Entlastung bei der vergeblichen Suche nach einem Reim ist das *Enjambement* oder die *run-on-line*. Bei diesem Stilmittel endet eine Sinneinheit nicht mit dem Versschluss, sondern geht im darauffolgenden Vers weiter. Dabei kann es sich um einen Satz handeln, aber auch ein Wort kann am Versschluss unterbrochen und am Anfang der nächsten Zeile fortgesetzt werden (beim sogenannten *harten* Enjambement). Man spricht vom *Hakenstil* (im Gegensatz zum *Zeilenstil*), wenn in einem Text häufig Enjambements verwendet werden, wie im nachfolgenden Beispiel von Werwahlt Koslovsky. Der Stil ist hier auch inhaltliches Programm, in seinem Gedicht *Anstandslos – reimo ergo sum* geht es nämlich um die Kritik am Reimen.

> Der Idiot stand unter Schock.
> Vielleicht hatte er keine Lust,
> ich weiß es nicht, das ließ adhoc
> sich nicht erkennen. Doch seinsbewusst
>
> ließ ich den Irren steh'n,
> ging einfach weiter und ein Weh'n
> umfing mich plötzlich sanft und leis',
> mit Wiesenduft und auch der Scheiß-
>
> geruch verflog mit einem Mal.[61]

Musikalisch entspricht das Enjambement einer *Synkope*, einem *offbeat*, es kann dazu dienen, Lyrik stärker der Alltagssprache anzunähern, aber auch Betonungen setzen oder durch eine deutliche Pause ein Zögern markieren. Das Stilmittel bezieht sich damit sowohl auf den Reim als auch auf den Rhythmus.

Nehmen Sie sich noch einmal Ihr Jesus-Gedicht *(Seht, welch ein Mensch!)* vor. Wahrscheinlich haben Sie einige Wörter gefunden, die auf *-er* enden. Das lädt zu Enjambements ein, wenn Sie *er* als Reimwort verwenden und damit wahrscheinlich einen Satz am Zeilenende unterbrechen. Verändern Sie Ihr Gedicht an einer oder mehreren Stellen entsprechend.

Die Beschäftigung mit Reimen ist, wie gesagt, hilfreich, um ein Gefühl für die akustische Wirkung von Sprache zu entwickeln. Dasselbe gilt für den Rhythmus.

2.6.2 Rhythmus und Metrum

Auch Gedichte mit einem festen *Versmaß (Metrum)* galten lange Zeit als antiquiert, gekünstelt, hochgestochen und allgemein unangemessen. Bertolt Brecht schrieb dazu:

---

61 In: Anders (2006), 27.

Sehr regelmäßige Rhythmen hatten auf mich eine mir unangenehme einlullende, einschläfernde Wirkung [...]. Außerdem war die Sprechweise des Alltags in so glatten Rhythmen nicht unterzubringen, es sei denn ironisch.[62]

Ganz Unrecht hatte er damit nicht, bis heute ist moderne deutschsprachige Lyrik überwiegend im *freien Vers* geschrieben. Hip-Hop und Poetry-Slam bieten jedoch erneut populäre Anlässe zum Verfassen von metrisch gebundenen Texten. Bei Raptexten ist ein fester Rhythmus durch den unterlegten Beat vorgegeben. Manche Slam-Texte sind metrisch, weil besonders die frühen Slam-Poeten vom Hip-Hop beeinflusst waren, weil das Versmaß eine willkommene Dynamisierung des Gesprochenen ermöglicht oder weil ältere Versformen parodiert werden.[63] Allerdings gilt auch hier, dass diese Neue Metrik oft mit den Stilvorgaben der klassischen Literatur wenig zu tun hat – in *Nibelungenstrophen, Alexandrinern, spanischen Dimetern* oder *alkäischem Hendekasyllabus* schreiben heute höchstens die Germanisten der Szene, außerdem werden auch regelmäßige Versmaße frei gehandhabt.

Der Verzicht auf ein festes Metrum bedeutet jedoch, wie Brecht auch schon wusste, nicht den Verzicht auf *Rhythmus.* Das würde auch gar nicht gehen. Über das rein Sprachliche hinaus ist »Rhythmus eine dem Organismus innewohnende Aktivitätsform«, die sich etwa »im Wach-Schlaf-Rhythmus, im Rhythmus des Atmens, im Rhythmus mentaler Aufmerksamkeit«[64] zeigt. Gesprochene Sprache erhält ihren Rhythmus durch den Wechsel von *betonten* und *unbetonten Silben* und Vokalen unterschiedlicher Länge. Diese kann man auch ohne festes Metrum plan- und wirkungsvoll anordnen. Viele Rhythmen der Alltagssprache folgen ungeschriebenen Regeln. Wörter in Paarformeln und Dreiersequenzen etwa werden oft von kurz nach lang sortiert, entweder nach dem Gesetz der steigenden Silbenzahl oder nach der Länge der Vokale bzw. Diphthonge: *kurz und klein, still und heimlich, kam, sah, siegte.*

---

62 Brecht (1938/1967), 364.
63 Vorwiegend feste Rhythmen und Reimschemata benutzt die Österreicherin Lisa Eckhart. Ihre Textsammlung trägt den schönen Titel *Metrische Taktlosigkeiten.*
64 Kurz (1999), 8.

Notieren Sie zehn bis zwanzig Sprichwörter oder Werbeslogans. Spielen
Sie mit dem Rhythmus, indem Sie Wörter umstellen. Was fällt Ihnen auf?

Grundlagen der Metrik

Im Deutschen gibt es betonte und unbetonte Silben. Welche Silbe jeweils betont ist, ist durch den Sprachgebrauch festgelegt, Abweichungen werden als unnatürlich wahrgenommen.

Namengebend für die klassischen Typen sind die kleinsten Einheiten eines Verses, die sogenannten *Versfüße*. Es gibt *steigende* Versfüße, wenn die erste Silbe unbetont ist, und *fallende* Versfüße, wenn sie betont ist. Unterschieden wird auch anhand der Anzahl der Senkungen, also der unbetonten Silben:

Steigend
  Jambus   ○●   Gef<u>ahr</u>, gesch<u>ah</u>, verst<u>eht</u>
  Anapäst   ○○●   Lebew<u>ohl</u>, heute h<u>ier</u>, morgen d<u>ort</u>
Fallend
  Trochäus   ●○   L<u>e</u>ben, M<u>u</u>tter, g<u>e</u>hen
  Daktylus   ●○○   R<u>e</u>genschirm, D<u>au</u>erlauf

Zur genaueren Bezeichnung des Versmaßes wird außerdem die Anzahl der *Hebungen*, also der betonten Silben genannt, so kommt man zu Bezeichnungen wie dem *fünfhebigen Jambus* oder *jambischen Pentameter*, der, wenn er ungereimt ist, *Blankvers* genannt wird. Der Jambus gehört zu den häufigsten Versfüßen der germanischen Sprachen, weil er einem alltäglichen Sprachgebrauch entspricht. Er ergibt sich automatisch, wenn zu Beginn eines Satzes ein Artikel einem zweisilbigen, anfangsbetonten Wort vorangeht: Ein W<u>är</u>ter, das W<u>a</u>sser, mein V<u>a</u>ter. Auch die Kombination aus (unbetontem) Personalpronomen und flektiertem, zweisilbigem Verb führt oft in ein jambisches Versmaß (»Ich g<u>e</u>he <u>in</u> das H<u>aus</u> hin<u>ein</u>.«).

Schreiben Sie Blankverse, also jambische Fünfheber, die Grundlage des klassischen Sonetts (○●|○●|○●|○●|○●). Mindestens zwanzig Stück. Wechseln Sie zwischen Einzeilern und Zweizeilern. Kümmern Sie sich nicht um Reime, widerstehen Sie dem möglicherweise auftauchenden Drang, in den Sprachduktus klassischer Dichtung zu verfallen (»Ich stieg empor in luft'ge Bergeshöh'hn.«).

Der Vorteil solcher Übungen liegt vor allem in ihrer formalen Eintönigkeit. Selbst, wenn das Metrum Ihnen nach kurzer Zeit in Fleisch und Blut übergeht, sind Sie mehr mit den formalen Aspekten der Wortwahl beschäftigt als mit inhaltlichen oder ästhetischen Fragen. Auf diesem Weg können plötzlich, wie beim *Free Writing,* Gedanken auftauchen und Verse entstehen, an denen Sie weiterarbeiten wollen. Die fünf Hebungen des Blankverses bieten außerdem genug Raum zum Schreiben.

✎ Wählen Sie einen Ihrer Blankverse aus. Machen Sie daraus einen Vierzeiler. Mindestens. Entscheiden Sie selbst, ob Sie reimen wollen oder nicht. Wenn ja, erwägen Sie, durch Binnenreime die Verse akustisch zu verkürzen.

Auch, wenn die akustische Wirkung bestimmter Stilmittel immer von einer Vielzahl von Faktoren abhängt, haben sich die verschiedenen Versfüße für manche Gedichtformen, Effekte und Textintentionen bewährt. Der Jambus hat etwas Vorwärtsdrängendes. Dem in der klassischen Lyrik eher selten gebrauchten Daktylus entspricht in der Musik der Walzertakt. Das Galoppieren des Anapäst wurde schon in der Antike für Marschlieder oder komische Zwecke in Anspruch genommen, ein Trochäus klingt für deutsche Ohren oft nach volkstümlichem Singsang.

✎ Alkäischer Enneasyllabus, Amphybrachische Dipodie, Augusteische Liebeselegie, Bonifazius-Kiesewetter-Verse, Dodekasyllabischer Vers, Genfer Psalmenstanze, Hildebrandston, Hussitischer Heptameter, geschwänztes Sonett, Lutherstrophe, Mäandernder Schleichtrochäus, Phaläkischer Hendekasyllabus, Sapphische Strophe, Serbische Trochäen, Spondäischer Hinkjambus, Trochaischer Tetrameter, Wilamowitzianus ... Einige dieser Versmaße und Gedichtformen gibt es, andere nicht. Noch nicht. Denken Sie sich selbst ein paar aus. Überlegen Sie, wie Ihre Neuschöpfungen klingen. Schreiben Sie welche.

Rhythmus vs. Metrik – Lob der Brüche

Wenn es auch schwerfällt, einzelnen Versfüßen eine bestimmte Wirkung zuzuschreiben, merken wir sehr schnell, wo es nicht passt. Vor allem dann, wenn ein festes Versmaß überhaupt Hör- und Sprechgewohnheiten zuwiderläuft. Viele geprägte Wendungen aus dem christlich-kirchlichen Sprachschatz haben, sofern sie nicht aus Liedern stammen, kein festes Metrum. Trotzdem haben sie einen spezifischen Rhythmus. Etwa die Einladungsformel zum Abendmahl:

Und nun kommt,	○○●
denn es ist alles bereit.	○○○●○○●
Schmecket und sehet,	●○○●○
wie freundlich der Herr ist.	○●○○●○

Wir nennen diesen unregelmäßigen, aber unleugbaren Rhythmus zum Spaß einmal *Eucharistische Strophe*. Im Deutschbuch könnte dazu vielleicht stehen: Ungereimter Vierzeiler mit alternierendem Versmaß nach folgendem Muster: einhebiger Anapäst – zweihebiger Anapäst mit Auftakt – zweihebiger katalektischer (verkürzter) Daktylus – zweihebiger katalektischer Daktylus mit Auftakt. Oder so. Es wäre kein Problem, diese Formel in einen Jambus umzuwandeln. Wenn Sie es probieren, merken Sie vielleicht, wie sehr gerade ein vierfüßiger Jambus, der uns aus vielen klassischen Kirchenliedern geläufig ist, zum Reimen verführt.

Nun kommt, denn alles ist bereit,	○●○●○●○●
und schmeckt und seht die Freundlichkeit,	○●○●○●○●
die uns der Herr erweist.	○●○●○●

Mitten im Gottesdienst wirkt solche unmotivierte Versdrechselei deplatziert, zumal der Dreizeiler aufgrund handwerklicher Mängel wie Grundschullyrik klingt. Ein klassisches, streng durchgehaltenes Versmaß hat also einen bestimmten Sitz im Leben. Da wir im Alltag zwar rhythmisch, aber nicht streng metrisch sprechen, haftet ihm etwas Unnatürliches an, weswegen moderne Lyrikerinnen sich schnell vor Glaubwürdigkeitsprobleme gestellt sehen. Klassische Versmaße begegnen im Poetry-Slam nur dort, wo kanonische Lyrik persifliert wird, also in humorvollen Texten. Auch aus ästhetisch-theologischer Sicht könnte man fragen, ob allzu geschliffene Texte überhaupt der Brüchigkeit menschlicher Existenz und dem fragmentarischen Charakter allen Glaubens und theologischen Denkens angemessen sind.

Das Metrum der soeben erfundenen *Eucharistischen Strophe* lässt sich nur schwer bestimmen. Der Rhythmus hingegen ist deutlich und auch auf andere Texte übertragbar. Schreiben Sie ein Abendmahlsgedicht (im weitesten Sinne), dessen »Versmaß« den Einladungsworten entspricht.

2.6.3 Metaphern und lyrischer Augenblick

Der schwedische Poet Mats Söderlund schreibt, dass jedes gute Gedicht einen *Schmerzpunkt* oder einen *lyrischen Augenblick* enthält, in dem sein Kern liegt. Er veranschaulicht das mit einem Bild aus der Mechanik:

> Das Gedicht funktioniert wie ein Hebel, der sich auf das stützt, was ich den Schmerzpunkt nenne [...], an dem das Gedicht eine Wendung nimmt, an dem die Erkenntnis einsetzt, an dem die ganze Wirklichkeit sich einmal dreht und eine neue wird. Danach werden die Worte nie wieder dasselbe bedeuten. In die ersten Zeilen legt man sein eigenes Gewicht. Im Schmerzpunkt wird die Kraft gesammelt. In der vorletzten Zeile schiebt man den Hebel unter den Steinblock, und dieser bringt die Einsicht ins Rollen. In der letzten Zeile sieht man, wie sich eine ganze Welt erhebt.[65]

! Lesen Sie alte und neue Gedichte. Achten Sie beim Lesen darauf, wo sich etwas in Bewegung setzt. Im Gedicht selbst oder in Ihnen. Wenn Sie einen solchen Schmerzpunkt gefunden haben, versuchen Sie herauszuarbeiten, wie dieser handwerklich umgesetzt ist: Wie wird er vorbereitet, wie geht es danach weiter?

Bevorzugte sprachliche Mittel zur Gestaltung eines Schmerzpunktes oder lyrischen Augenblickes sind *sprachliche Bilder*. Die nie wirklich trennscharfen Unterscheidungen zwischen *Metaphern, Analogien, Allegorien* und anderen Stilmitteln spielen eher für die Textanalyse eine Rolle, weniger für die Textproduktion.[66] Der Vorteil von bildhaften Ausdrücken liegt in ihrer sinnlichen Wirksamkeit: Im Kopf sorgen sie durch neuronale Aktivierungen für umfassendes Erleben, das über rein verstandesmäßiges Verstehen hinausgeht.[67]

---

65 Söderlund (2017), 64 f.
66 Vgl. Waldmann (2016), 160–204.
67 Vgl. hierzu ausführlich Rinn (2016), 78–112.

Metaphern bestehen aus einer *Sach-* und einer *Bildebene*[68] (oder *Bildempfänger* und *Bildspender*[69]): Die Sachebene meint das Bezeichnete, die Bildebene das sprachliche Mittel, das zur Bezeichnung verwendet wird. Wird die Sachebene explizit genannt (»... ist wie ...«), spricht man von einem *Vergleich*. Wirkungsvoller sind Metaphern, wenn auf diese erklärenden Partien verzichtet wird. In lyrischen Texten fehlt oft die explizite Sachebene, die Ausdrücke werden dadurch mehrdeutig: Die Qualität der Bildebene bemisst sich damit nicht an einer inhaltlichen Deckungsgleichheit mit der Sachebene, sondern an den sinnlichen Assoziationen, die sie ermöglicht.

Legen Sie eine Liste mit Bildern an, die in Ihnen Emotionen wachrufen. Gemeint sind dabei nicht Gemälde oder Fotografien, sondern sinnlich wahrnehmbare Gegenstände oder Phänomene. Das kann alles Mögliche, vom »Apfelkuchen« bis zur »frisch geteerten Straße«, sein. Notieren Sie sie untereinander. Wenn Sie einige beisammenhaben, schreiben Sie daneben mögliche Sachebenen, also die Gefühle oder Themen, die für Sie hier beschrieben sind. Wählen Sie ein paar Themen aus. Assoziieren Sie auf der Bildebene weiter, sodass um den abstrakten Begriff herum ein Netz aus Einzelbildern entsteht. Verbinden Sie diese zu einem Text.

Die große Herausforderung beim lyrischen Schreiben liegt im Auffinden *unverbrauchter Metaphern*. Abgenutzte Bilder haben ihre emotionale Strahlkraft verloren, deswegen verzichtet man in Liebesgedichten idealerweise auf Rosen und dergleichen. Frische Metaphern lassen sich durch wildes Ausprobieren finden – der schwedische Literaturnobelpreisträger Tomas Tranströmer spricht in einem Gedicht von einer »unerwartete[n] Lichtung, die nur von dem gefunden werden kann, der sich verlaufen hat.«[70] Mit der Zeit werden Ihre lyrischen Instinkte geschärft, bis dahin (und auch danach) werfen Sie gern alles Mögliche in einen Topf und rühren Sie kräftig um.

---

68 Söderlund (2017), 74 f. (Übersetzung HP).
69 Waldmann (2016), 161.
70 Tranströmer (2013), 157.

📝 Verbinden Sie Unerwartetes. Legen Sie eine Liste mit zwanzig Substantiven an. Legen Sie sie zur Seite. Schreiben Sie dann auf einem zweiten Blatt zwanzig kraftvolle Verben (s. Kap. 6.5.2) untereinander. Legen Sie dann beide Listen nebeneinander und verbinden Sie Substantive und Verben. Probieren Sie aus, verwerfen Sie, drehen und wenden Sie. Wenn eine Kombination Sie anspricht, bleiben Sie in Gedanken dabei und schreiben Sie einfach weiter. Fügen Sie weitere unerwartete Wörter hinzu.

Klischierte oder *tote (lexikalisierte) Metaphern* können durch Variationen ihrer Einzelteile variiert werden. Wie überraschend die Metaphern, wie kontrastreich die lyrischen Komplikationen sein können, hängt unter anderem davon ab, was für einen Text Sie schreiben. Wenn Ihr Gedicht vor allem zum Lesen gedacht ist, können die Wortkombinationen gewagter sein, weil Ihre Leser Zeit zum Nachdenken haben. In einem Text, der für den mündlichen Vortrag gedacht ist, haben Ihre Zuhörerinnen diese Zeit nicht. Aber darüber können Sie sich Gedanken machen, wenn es an die Redaktion geht.

2.7 Episch-dramatisches Handwerkszeug

Neben Lyrik gehören erzählende Texte zum Standardrepertoire bei Poetry-Slams. Die Künstler bedienen sich dabei einer der ältesten Kulturtechniken, die seit den 1970er-Jahren mit regelmäßigen Konjunkturbewegungen für die Predigt und gegenwärtig unter dem Label *Storytelling* für alle möglichen Kontexte, von der Psychotherapie bis hin zur Unternehmenskommunikation[71], fruchtbar gemacht wird.

Die Möglichkeiten der inhaltlichen und stilistischen Ausgestaltung von Geschichten sind schier unendlich (so können natürlich auch lyrische Texte eine narrative Struktur haben), trotzdem lassen sich einige Merkmale guten, die Zuhörenden fesselnden Erzählens ausmachen.

2.7.1 Merkmale guten Erzählens

Die oben erwähnten Grundsätze guter Texte gelten auch für Erzählungen: Geschichten werden mit einer *Intention* erzählt, sei es zur

---

[71] Sammer (2014).

bloßen Unterhaltung, sei es zur Weitergabe von Wissen. Dieses Wissen muss anschlussfähig an eigene *Erfahrungen* sein; das bedeutet jedoch nicht, dass gute Geschichten zwangsläufig in der Lebenswelt des Erzählers oder seiner Zuhörer spielen müssen. Märchen und klassische Dramen sind deswegen so erfolgreich, weil sie menschliche Grunderfahrungen, immer wiederkehrende Lebensthemen und allseits bekannte Konflikte in verdichteter Form beschreiben und damit Emotionen wecken. Ihre Attraktivität beziehen Geschichten vor allem aus ihrer *Anschaulichkeit,* bei narrativen Texten gilt im Besonderen der Grundsatz *show, don't tell.* Deutende Passagen weisen oft auf eine Unsicherheit des Erzählenden hin, der seiner Form nicht genügend zutraut, es sei denn, sie werden bewusst eingesetzt, etwa in Anlehnung an den klassischen griechischen Theaterchor. Hilfreich für die Konkretheit der Sprache ist ein klares *inneres Bild:* Mit diesem Fachbegriff professioneller Erzählerinnen[72] ist die Vorstellung gemeint, die Sie von der Welt, in der Ihre Geschichte spielt, haben: Wenn sie auf einem Weg spielt – wie sieht die Landschaft aus, durch die er führt? Wie sehen Figuren konkret aus, wie sprechen, riechen, wirken sie? Das innere Bild oder der *innere Film* hat den Vorteil, dass Sie ihm fast automatisch Ihre Erzählweise anpassen: Wenn Ihre Geschichte auf einem Friedhof kurz vor Mitternacht spielt, werden Sie einen anderen Stimmklang anschlagen als bei einer Wirtshausszene. Ein starkes inneres Bild hat den Nachteil, dass es Sie selbst so gefangen nehmen kann, dass Sie versucht sind, flächig zu erzählen, das heißt, die bloße Szenerie möglichst ausführlich und packend zu beschreiben, ohne dass es zu einem *Erzählfortschritt* kommt – der spielt aber eine entscheidende Rolle für Ihre Erzählabsicht und kommt im Wesentlichen dadurch zustande, dass ein *Konflikt* bewältigt wird. Ein weiteres Kennzeichen lebendigen Erzählens ist der Einsatz direkter (oder erlebter) Rede. Ob Sie bei der Performance den Figuren verschiedene Stimmen, Akzente und Sprechweisen geben, ist ein bisschen Typsache, hängt auch von der Intention des Textes ab, kann aber beim Zuhören helfen, auch, weil es den Verzicht auf sogenannte *Inquit-Formeln* (»sagte er«, »antwortete sie«) ermöglicht.

---

72 Vgl. Pyka (2018), 75 f.

! Falls Sie in der letzten Zeit eine narrative Predigt gehalten haben: Überprüfen Sie das Manuskript anhand der oben genannten Kriterien. Welche Verbesserungsmöglichkeiten fallen Ihnen auf?

Bei Poetry-Slams geht es um die Präsentation von Texten, es handelt sich also ausnahmslos um *literarische Erzählungen,* denen, selbst wenn sie auswendig vorgetragen werden, ein sorgfältig bearbeitetes Manuskript zugrunde liegt – Ähnliches gilt übrigens auch für Stand-Up-Comedy. Das ermöglicht und erfordert den gezielten Einsatz erzählerischer Mittel.

2.7.2 Grundstrukturen

Es gibt bewährte Grundstrukturen, die erfolgreichen Geschichten zugrunde liegen. Dazu gehören die klassische Fünf-Akt-Struktur der griechischen Tragödie *(Exposition – Steigerung – Höhepunkt – Verzögerung – Katastrophe)* und das im Folgenden ausführlicher beschriebene Konzept der *Heldenreise.*

Heldenreise

Joseph Campbell hat eine vielen Mythen verschiedenster Kulturen gemeinsame Struktur herausgearbeitet, die von Christopher Vogler für Hollywoodfilme anwendbar gemacht wurde und bis heute die großen Werke des Unterhaltungskinos prägt: Die *Heldenreise.* Nach Vogler[73] lassen sich die grundlegenden Schritte wie folgt darstellen und anhand berühmter Beispiele illustrieren: Ausgangspunkt ist die gewohnte, defizitäre *Alltagswelt* des vielleicht noch gar nicht als solchen zu erkennenden Helden (Harry Potter bei den Dursleys, Bilbo Beutlin im Auenland). Durch einen *Boten* und/oder *Mentor* wird der Held *zum Abenteuer gerufen.* Unter Umständen verweigert er sich diesem Ruf zunächst, wird jedoch überredet und tritt die Reise an (Gandalf und Frodo Beutlin, Mose am brennenden Dornbusch, Jona). Zu Beginn seiner Reise überschreitet der Held eine magische *Schwelle* zu einer neuen Welt und bejaht damit seine Bestimmung, danach gibt es kein Zurück mehr (wie für Will Turner, nachdem er Jack Sparrow in *Fluch der Karibik* aus dem Gefängnis befreit hat).

---

73 Vogler (2015), 9–20.

Der Held sieht sich nun immer gefährlicheren *Bewährungsproben* ausgesetzt, bei deren Überwindung er Verbündeten und Feinden begegnet, die ihn herausfordern oder unterstützen (man denke an die zahlreichen Kleingegner, Begleiter und Items in Action-Adventure-Games wie *The Legend of Zelda*) und ihn so auf den entscheidenden Kampf vorbereiten: Der Held dringt in die *tiefste Höhle* vor und begegnet dort dem scheinbar übermächtigen Endgegner im finalen *Entscheidungskampf.* Das kann das klassische Zweierduell sein, Luke Skywalker vs. Darth Vader oder Harry Potter vs. Voldemort. Beim *Herrn der Ringe* sieht die Sache anders an, über den Lavaschluchten des Schicksalsberges muss Frodo Beutlin zwar auch Gollum besiegen, vor allem aber sein eigenes Verlangen, den Ring zu besitzen. Sämtliche Stufen der Heldenreise lassen sich auch auf weniger mythische Stoffe übertragen und psychologisieren. Modernere Entscheidungskämpfe bieten etwa *Notting Hill* (in der Szene, in der die Schauspielerin dem Buchhändler ihre Liebe gesteht) oder *Billy Elliot,* als der Protagonist sich dazu überwindet, vor seinem Vater zu tanzen.[74] Nach dem Sieg über den Feind gelangt der Held in Besitz des *Schatzes* oder des *Elixiers,* also eines mächtigen Gegenstandes oder esoterischen Wissens. Oder er befreit die Prinzessin (Super Mario, Bowser und Peach). Die *Rückkehr* kann wieder von Bewährungsproben der *neuen Identität* und veränderten Persönlichkeit des Helden geprägt sein, am Ende wird ihm jedoch die *Anerkennung* seiner alten Umwelt zuteil. Und wenn sie nicht gestorben sind …

Erzählen Sie die Kindersegnung (Mt 10,13–16) oder die Salbung in Betanien (Mk 14,3–9 par) als Heldenreise. Vielleicht hilft es Ihnen, wenn Sie zuerst die einzelnen Handlungsschritte in das Raster einsortieren – an manchen Stellen dürfen Sie etwas dazuerfinden.

Nach Campbell, der sein Stufenmodell der Heldenreise stark an C. G. Jungs Archetypen orientiert hat, erfüllen Mythen (und Riten) die

---

74 Die beiden letzten Beispiele stammen aus einem Script von Svenja und Uwe Walter: www.storytellingmasterclass.de/wp-content/uploads/Die-Heldenreise.pdf – abgerufen 26.07.2018.

Funktion, die Symbole zu liefern, die den Menschen vorwärtstragen, und den anderen, ebenso konstanten Phantasiebildern entgegenzuwirken, die ihn an die Vergangenheit ketten wollen.[75]

Selbst, wenn man Campbells Begeisterung für die Tiefenpsychologie alter Schule nicht teilt, lässt sich nicht leugnen, dass gute und gut erzählte Geschichten Lebenshilfe sein können, weil sie Perspektiven öffnen und einen anderen Blick auf die Wirklichkeit ermöglichen. Kein Wunder, dass die Heldenreise auch in manchen Therapieansätzen auftaucht, etwa bei Paul Rebillot.[76]

Viele Lebensumbrüche, eine Trennung, das Coming-Out, das Überstehen einer schweren Erkrankung können mit den Mitteln der Heldenreise erzählt werden – da wir diese Erzählstruktur regelrecht internalisiert haben, tun wir das oft auch unbewusst.

Schreiben Sie Ihre eigene Glaubensbiografie als Heldenreise. Vielleicht geht das nur fragmentarisch – mit dem Glauben wird man bekanntlich nie richtig fertig. Konzentrieren Sie sich auf die Aspekte und Stufen, die Ihnen etwas sagen: Gab es für Sie einen Boten, eine Mentorin? Welche Kämpfe mussten Sie durchstehen, an welchen Punkten haben Sie gezögert? Was ist Ihr »Elixier«, was hilft Ihnen, Ihr Leben anders zu leben?

Jenseits des Popcornkinos hat der klassische Held seit der Moderne einen schwereren Stand, weil die allzu glatte und einlinige Entwicklung und das unvermeidliche Happy End unglaubwürdig und unrealistisch erscheinen. Das Modell kann daher in vielfacher Weise variiert werden, etwa durch den Einsatz eines *Anti-Helden*, einer Figur mit Schwächen oder Problemen, die dem klassischen Heldendasein im Weg stehen. Beispiele hierfür wären Batman, dessen dunkle Seiten in Comics und Filmen ausführlich thematisiert werden, oder ewige Pechvögel wie Donald Duck und Homer Simpson. Biblische Anti-Helden gibt es zuhauf, bei Jesus Christus selbst scheiden sich die Geister.[77] Seit einigen Jahren macht dieses Meme unbekannter Herkunft die Runde:

---

75 Campbell (2015), 29.
76 Vgl. Haußmann (2017), 133; Lindemann (2016), 176 f.
77 Vgl. Kranzusch (2000), 191 f.

Noah war ein Trinker, Abraham war zu alt, Isaak war ein Tagträumer, Jakob war ein Lügner, Lea war hässlich, Josef wurde misshandelt, Mose war ein Stotterer, Gideon hatte Angst, Simson hatte lange Haare und war ein Frauenheld, Rahab war eine Hure, Jeremia und Timotheus waren zu jung, David hatte eine Affäre und war ein Mörder, Elija war selbstmordgefährdet, Jesaja predigte nackt, Jona rannte weg vor Gott, Naomi war eine Witwe, Hiob verlor alles, Petrus verleugnete Jesus, die Jünger schliefen ein beim Beten, Martha machte sich Sorgen um alles, die Samariterin war geschieden (mehr als einmal), Zachäus war zu klein, Paulus war zu fromm, Timotheus hatte ein Magengeschwür, und Lazarus war tot.[78]

Im literarischen Spiel kann die Heldenreise u. a. dadurch verändert werden, dass der Held an einer Stelle scheitert, entweder komisch oder tragisch. Auch im Poetry-Slam gibt es Heldenreisen, da sich das Modell auf kürzere Erzählspannen übertragen lässt.[79] Dabei sind Anti-Helden weit verbreitet, weil sich die Künstlerinnen oft selbst als solche inszenieren und das reichhaltige Material, das solche Figuren bieten, nutzen.

Auch für Anti-Helden-Figuren spielen die Konfliktkonstellationen des klassischen Dramas[80] eine Rolle: Die Heldin führt einen Kampf gegen die *Natur,* die *Gesellschaft,* also die Welt im Großen und Ganzen, gegen *einen anderen Menschen* oder gegen *sich selbst*. Ein Konflikt mit Gott kann interessanterweise in jeder dieser Konstellationen ausgestaltet werden.

Nehmen Sie sich etwas Zeit. Denken Sie an Kämpfe, die Sie ausgefochten haben oder mit denen sie immer noch beschäftigt sind. Sortieren Sie sie dann nach dem o. g. Raster. Entscheiden Sie sich für jeweils einen Kampf aus jeder Kategorie. Gibt es eine bestimmte Szene, die für diesen Konflikt typisch ist? Schreiben Sie einen Text dazu. Nutzen Sie, wo es sinnvoll ist, Elemente der Heldenreise.

---

78 www.berufe-der-kirche-speyer.de/2009/01/keine-entschuldigungen-mehr/– abgerufen 25.07.2018.
79 Vgl. etwa Indiana Jonas, *Lehrer sein,* https://www.youtube.com/watch?v=gL7VLLXRbIA – abgerufen 25.07.2018
80 Vgl. Vorhaus (1994), 22–29.

Kürze und Würze

Wenn Sie von der in Deutschland slam-üblichen Zeitbegrenzung von fünf bis sieben Minuten ausgehen, dann werden Sie für manche Aspekte der Geschichte nicht so viel Zeit haben. Dasselbe gilt für eine Predigt, die nicht komplett narrativ gestaltet ist, sondern bei der die Geschichte nur einen Teil, einen einzelnen *Move* ausmacht. Das heißt: Die Handlung sollte möglichst *stringent* sein – es sei denn (wieder einmal), Sie machen aus Abzweigungen und Nebenschauplätzen eine Kunst, wie Rafik Schami in der Tradition orientalischer Märchenerzähler. Zur Stringenz tragen ein *überschaubares Figurenensemble* und eine *einheitliche Erzählperspektive* bei. Letztere sollte nur gewechselt werden, wenn Ihre Geschichte dem Collagen- oder Episodenstil moderner Filme und Literatur nachempfunden ist, bei dem eine Geschichte anhand mehrerer Einzelepisoden aus verschiedenen Blickwinkeln erzählt wird. Dazu zählt auch ein klares Verhältnis von *Erzählzeit* und *erzählter Zeit*. Wenn Sie öfter narrative Texte schreiben, empfiehlt es sich, solche Begriffe zu klären.

Es geht übrigens auch ganz klein. Vor einigen Jahren trendete beim Kurznachrichtendienst Twitter der Hashtag #*tinytales* – »winzige Märchen«, auch *Bierdeckelgeschichten,* also Erzählungen, die auf die ehemals twittertypischen 140 Zeichen (inklusive Leerzeichen) verdichtet sind. Ein Meister dieses Fachs ist Florian Meimberg, ein von ihm gepostetes Beispiel zeigt, wie solche Geschichten funktionieren können:

> Schnaufend stemmte sich Gerald auf den lehmigen Vorsprung und kletterte ins Freie. Alles sah aus wie früher. Nebel kroch über den Friedhof.[81]

Der erste Satz wirft Fragen auf, etwa wie der Protagonist in eine offenbar missliche Lage gelangt ist. Der zweite Satz fördert den Erzählfortschritt. Der dritte Satz bringt eine überraschende Wendung, weil auf einmal klar ist, dass Gerald (anscheinend nach längerer Zeit) aus einem Grab geklettert ist. Ein weiteres Beispiel:

> Der Einsatzwagen schoss in die Kurve. Officer Dan fuhr Vollgas. Seine erste richtige Verfolgungsjagd. Ängstlich schielte er in den Rückspiegel.[82]

---

81 twitter.com/tiny_tales/status/149124273062154241?lang=de. – abgerufen 26.07.2018
82 twitter.com/tiny_tales/status/125860973214052352. – abgerufen 26.07.2018

Bierdeckelgeschichten sind eine hervorragende Möglichkeit, Präzision und Bildstärke gleichermaßen zu üben: Für langwierige Einleitungen bleibt keine Zeit, die Geschichte muss *in medias res* beginnen, die Szenerie in wenigen Worten klar und anschaulich beschrieben sein. Auch für die überraschende Wendung, die in beiden Beispielen die Fantasie der Lesenden anwirft, bleibt nur sehr wenig Raum. Das Format braucht Übung.

Schreiben Sie *tiny tales*. Die Zeichenzählfunktion Ihres Computers hilft Ihnen, im Rahmen zu bleiben. Achten Sie auf die Kriterien einer Geschichte: Die Perspektive muss klar, eine Handlung erkennbar sein. Das Ende sollte eine überraschende Wendung bringen, die keine Antworten gibt, sondern Fragen und damit Neugier auf das Weitere weckt. Wenn Sie sich in der Form einigermaßen sicher fühlen, verwenden Sie biblische Stoffe: Figuren aus Altem und Neuem Testament, bekannte Zitate, die auf unerwartete Reaktionen stoßen oder in Spannung zum Kontext stehen.

2.8 Humoristisches Handwerkszeug

Vor deutschen Slam-Bühnen wird viel gelacht. Gewinnerbeiträge sind verhältnismäßig oft witzige Texte:

> Durch das kollektive Lachen, die starken Reaktionen und die Euphorie, die oft mit Humor ausgelöst werden, lässt sich das Publikum […] oft hinreißen, eben diese Euphorie aus dem Text mit in die Wertung zu nehmen, sofern der Vortrag nah an der Abstimmung liegt.[83]

Das besondere Potenzial lustiger Texte, die über Videoplattformen und soziale Medien virale Verbreitung finden, tut das Seine dazu, dass Poetry-Slam von außen oft als Comedy-Wettbewerb wahrgenommen wird. Das stimmt so natürlich nicht, trotzdem ist es Grund genug, sich diesem Aspekt zuzuwenden – wohl wissend, dass Humor weit mehr als nur ein Handwerk ist. Eine Warnung: Wenn Sie dieses Kapitel in der Hoffnung aufgeschlagen haben, ein paar Witze als Eisbrecher für die nächste Predigt zu finden, werden Sie enttäuscht sein. Und das ist auch gut so.

---

83 Willrich (2010), 65; vgl. a. Keller (2017), 76 f.

2.8.1 Humor als Lebenseinstellung

Die Bedeutung von Humor[84] für (nicht nur schulische) Lernprozesse[85], Predigt[86] und Seelsorge[87] ist theoretisch längst erkannt, wenn auch die praktische Umsetzung noch in den Kinderschuhen stecken dürfte. Insbesondere in der Homiletik hängt das wahrscheinlich damit zusammen, dass wir, von der Hochschätzung der Predigt seit den Reformatoren herkommend, das Predigen als eine äußerst ernste Angelegenheit verstehen – und traditionell »ernst« als das Gegenteil von »lustig« definieren. Das ist Unsinn, aber manche Unterscheidungen stecken einem tief in den Knochen. Eine gewisse Humorfeindlichkeit ist dem Christentum historisch kaum abzusprechen, und zwar längst nicht nur den traditionell als freudlos verschrienen Protestanten – man denke an Umberto Ecos *Der Name der Rose*.

> Fast schon sprichwörtlich ist die strenge Unterscheidung nüchterner Glaubensgeschwister zwischen »Humor« und »echter, tief empfundener Freude« oder »Heiterkeit«. Schreiben Sie einen Text darüber, in dem Sie jede Pointe, die Sie setzen, gleich durch eine humoristisch entschärfte und gleichzeitig theologisch aufgeladene Harmlosigkeit korrigieren – Ihre Zuhörenden sollen sich nicht brüllend auf die Schenkel hauen, sondern selig lächeln.

Möglicherweise liegt die verhältnismäßige Zurückhaltung von Predigerinnen und Predigern gegenüber humoristischer Gestaltung der Kanzelrede auch an einem sehr gesunden Respekt vor der Aufgabe. Das Schreiben (und Performen) witziger Texte ist anspruchsvolles Handwerk, das zwar trainierbar ist und technisch verfeinert werden kann, sich aber aus einer viel tieferen Quelle speist: Humor ist, egal, wie man ihn definiert, eine Lebenseinstellung, die sich immer wieder in der bewussten oder unbewussten Entscheidung äußert, das Komische in einer Situation wahrzunehmen. Das bedeutet nicht, den

---

84 S. zu Religion und Humor Berger (1998).
85 Lorenzen (2007).
86 Koester (2009), Campbell/Ciliers (2015).
87 Bukowski (2009).

Ernst der Lage zu ignorieren, wohl aber, ihm eine alternative Haltung entgegenzustellen. So gesehen, kann Humor eine subversive Form des Widerstands sein – der jüdische Humor bietet dafür vielleicht die eindrücklichsten Beispiele. In gleichem Maße kann Humor auch eine Form der Lebensbewältigung darstellen. Judy Carter, eine US-amerikanische Stand-Up-Lehrerin, rät ihren Schülerinnen:

> Humor ist therapeutisch. Selbst, wenn Sie nicht die Absicht haben, irgendwann einmal eine Bühne zu betreten, gibt es Ihnen eine neue Perspektive auf das Leben, wenn Sie lernen, negative und schmerzhafte Lebenserfahrungen in Comedy-Acts umzuwandeln. [...] Ihren Geist zu trainieren, sich auf das Witzige statt auf das Schicksalhafte zu konzentrieren, kann Ihnen dabei helfen, selbst die blutigsten Wunden zu heilen.[88]

Humor ist also die Gabe der »Distanz zum eigenen Überernst und zum überspitzten Sich-selbst-wichtig-und-ernst-nehmen-Müssen«[89] – und damit eine zutiefst evangelische Haltung.

Denken Sie an eine Situation, die Ihnen richtig unangenehm oder peinlich ist. Schreiben Sie sie auf. Schreiben Sie sie dann um – erzählen Sie sie als witzige Anekdote. Lesen Sie diesen Text vor, zuerst sich selbst, dann einer geneigten Zuhörerin.

Notieren Sie fünf Eigenschaften, die Sie an sich selbst nicht mögen. Keine Angewohnheiten, die Sie mit etwas gutem Willen ändern könnten, auch keine sympathischen Macken. Sondern Dinge, die Sie richtig, richtig nerven, die Ihnen das Leben schwer machen. Schreiben Sie zu jeder einen kurzen Text, mit dem Sie sich vorstellen.[90]

Diese Gabe, auch in unerwarteten Situationen das Komische zu entdecken und freizulegen, ist trainierbar. Ebenso wie die Fähigkeit, durch redaktionelle Eingriffe eine bühnen- oder kanzelfähige Pointe zu konstruieren. Zunächst aber noch etwas Allgemeines zum Thema »Humor«.

---

88 Carter (1989), XII (Übersetzung HP).
89 Sindermann (2009), 113.
90 Nach: Carter (1989), 27.

2.8.2 Worüber wir lachen

Worüber wir lachen, ist in hohem Maße kulturell determiniert, und zwar im Großen wie im Kleinen. Chinesische Comedy funktioniert anders als chilenische, wir lachen heute über andere Dinge als noch vor zwanzig oder fünfzig Jahren – die Blondinenwitze der Neunzehnhundertneunziger kann sich höchstens noch Mario Barth leisten, Ostfriesenwitze sollte man Fips Asmussen überlassen. Das liegt daran, dass mittlerweile weitestgehend Konsens darüber besteht, dass Witze über Personengruppen nicht oder nur in sehr wenigen Fällen okay sind. Verschiedene Milieus bringen spezifische Formen des Humors hervor, was mit den eigenen Alltagserfahrungen und Erwartungshaltungen zusammenhängt.

Trotz aller Verschiedenheit in der Ausprägung ist Humor ein globales Phänomen: Gelacht wird überall. Jenseits aller Definitionsversuche geht es in diesem Kapitel um die handwerkliche Seite: Ein gelungener Witz entsteht dadurch, dass eine *Spannung* aufgebaut wird, die sich nach einem *Bruch* bei den Zuhörenden in Form von Gelächter entlädt. Die Gestaltung dieses Bruchs nennt man *Pointe*, ein Kriterium für ihre Wirksamkeit ist die *Fallhöhe*, also die Differenz zwischen dem Erwarteten und dem Geschilderten. Ist die Fallhöhe zu gering, liegt das Geschilderte im Rahmen des alltäglich Erwartbaren und ist deswegen nicht witzig. Ist sie zu hoch, landet man höchstens noch bei *absurder Komik* oder *Nonsenskomik*.

Damit ist gleichzeitig die wichtigste Konstruktionsregel für sehr viele Pointen benannt, egal, ob es sich um *sprachliche* oder *inhaltliche* Pointen handelt, also um Humor auf der Wort- oder Satzebene oder in einem größeren erzählerischen Rahmen. Die meisten Witze bestehen aus zwei Elementen: einem vorbereitenden Teil, in dem der Kontext eingeführt und Spannung aufgebaut wird (Comedians nennen dies das *Setup*), und der *Punchline*, also dem Bruch mit den zuvor geschürten Erwartungen. Am deutlichsten wird das an den klassischen Scherzfragen:

- Wie nennt man einen Bumerang, der nicht zurückkommt?
- Stock.

Die Art der Frage lässt hier eine besondere Antwort erwarten, sie suggeriert, dass es einen Fachbegriff dafür gibt. Nebenbei bemerkt:

Den gibt es tatsächlich, denn ein Jagdbumerang *(Kylie)* ist im Unterschied zum Sportbumerang dazu gedacht, Beute zu erlegen. Ein Kenner der Jagdgewohnheiten australischer Ureinwohner wird den Witz also vielleicht gar nicht als solchen erkennen, weil die Frage ihn auf kein unbekanntes Terrain führt. Deswegen funktionieren manche Pointen unter kirchlichen Zuhörenden nicht: Bei zahlreichen außerkirchlich entstandenen Kirchenwitzen reagieren sie auf sachliche Fehler und inhaltliche Unstimmigkeiten, bei anderen eventuell auf Reizworte, die ihr seelsorgliches oder diakonisches Gewissen aktivieren. Dort aber, wo der Witz funktioniert, liegt es an der Fallhöhe zwischen dem erwarteten Fachbegriff und dem Allerweltswort »Stock«.

Pointen werden oft von hinten geschrieben: Man hat die Punchline und konstruiert von dort aus ein Setup. Ihre Punchline ist »Stock.« Schreiben Sie zehn (Scherz-)Fragen nach obigem Muster.

Auch nonverbaler Slapstick-Humor arbeitet mit Spannungsaufbau (Setup) und Bruch (Punchline). Zum Beispiel im Silvestersketch *Dinner for One*: Nach dem ersten Stolpern des Butlers über den Tigerkopf wird dies vom Publikum erwartet, mit dieser Erwartung wird, unter stetigem Spannungsaufbau (die Sequenz wird immer länger), gespielt. Der Bruch entsteht dadurch, dass die Erwartung zwar erfüllt wird – aber in immer neuer Weise.

Vergegenwärtigen Sie sich einige Witze oder komische Szenen. Arbeiten Sie das Schema von Setup und Punchline an den einzelnen Beispielen heraus.

Alltagsthemen

Der Stoff, aus dem lustiges Material gestrickt ist, liegt buchstäblich auf der Straße. Wer mit offenen Augen und Ohren durch die Welt geht und ein bisschen Gefühl für das Bizarre an Alltagssituationen, Typen und Verhaltensweisen mitbringt, wird sich vor Ideen kaum retten können.

Die Mutter der Comedy ist und bleibt die Realität. Dabei dient die Comedy meist nur als abschwächendes Moment derselben. Oft sind reale Ereignisse derart komisch, dass sie gar nicht zu toppen sind [...]. Von [der] erlebten Wirklichkeit darf sich eine gute Comedy nie vollkommen entfernen. Die Hörer und Zuschauer lachen nur über das, was für sie in irgendeiner Form greifbar und nachvollziehbar ist.[91]

✐ Gehen Sie einkaufen. Oder zum Friseur. Oder in irgendeine Behörde. Seien Sie ruhig eine Stunde oder mehr unterwegs. *Nehmen Sie sich vor, mindestens eine komische Situation zu erleben!* Machen Sie sich unterwegs Notizen. Wenn Sie partout nichts Komisches erleben, denken Sie Situationen, die Sie erlebt haben, ein bisschen weiter. Vielleicht hat die Kassiererin etwas zu einem Kunden gesagt, das man auch falsch hätte verstehen können. Schreiben Sie dann diese Begebenheit auf. Verändern Sie sie im nötigen Maße, um das Komische daran herauszuarbeiten (ein paar technische Hinweise dazu bekommen Sie im Laufe dieses Kapitels).

Für die eigene Arbeit an komischen Texten ist es übrigens (wie sonst auch) hilfreich, sich einen filterlosen Raum[92] zu schaffen – lachen Sie, wenn Sie etwas witzig finden, selbst dann, wenn Ihnen Ihr Gewissen anzeigt, dass hier ethische oder ästhetische Grenzen überschritten werden. Im kirchlichen Raum sind diese Grenzen oft gut bewacht und eng gezogen. Im Einzelfall mag das gut und sinnvoll sein, es ist sicherlich auch eine zivilisatorische Errungenschaft, dass man im öffentlichen Raum über bestimmte Dinge keine Witze machen darf. Trotzdem ist es unerlässlich, dass Sie sich selbst darüber im Klaren sind oder darüber klar werden, was Sie witzig finden. Es hilft übrigens auch, lautes, ungehemmtes Lachen einzuüben. Das erleichtert später die Performance.

❗ Nehmen Sie sich nochmal eine Stunde Zeit und surfen Sie im Internet ziellos nach kürzeren Comedy-Formaten. Lassen Sie sich treiben von dem, was auftaucht. Wenn Sie etwas besonders witzig finden, lachen Sie aus voller Kehle. Beenden Sie die Übung erst, wenn ein paar Tränen geflossen sind. Kehren Sie dann zu ein, zwei Dingen, über die Sie am meisten gelacht haben, zurück, und überlegen Sie, was genau Sie so witzig fanden.

---

91 Maak (2007), 30 f.
92 Vgl. Maak (2007), 83; Vorhaus (1994), 10 f.

2.8.3 Kleine Pointen: Sprach- und Wortwitz

Bevor Sie weiterlesen, legen Sie zwei Listen an: Eine mit typischen Kirchenwörtern, so etwas wie »Klingelbeutel« oder »Orgelbank«. Und eine mit geprägten Wendungen oder Formeln aus der religiösen Sprache. Sie können sie im weiteren Verlauf mehrmals gebrauchen.

Dankbare Vorlagen für Sprachwitz sind *Formeln und geprägte Wendungen,* weil das Publikum hier eine klare Erwartung an den Klang hat. In der Kirche gibt es dafür reichlich Material, weil in religiöser Sprache der Vorrat an geprägten Wendungen besonders groß ist.

Den kleinstmöglichen Bruch erreichen Sie, indem Sie einzelne Buchstaben austauschen und mit Reimen spielen: »das Volk der Richter und Henker« (sowas nennt man ein *Paragramm*). Entsprechende Aktionen werden oft in sozialen Medien veranstaltet. Bei NDR-Kultur etwa ging es um Herbst 2017 darum, Werktitel durch den Austausch eines Buchstabens zu ruinieren: *Der Zauderberg, Von der Freizeit eines Christenmenschen* oder *Goethes Frust*. Wirksam ist die Pointe natürlich nur, wenn die Wendung bekannt ist – wenn nicht, wird niemand den Bruch wahrnehmen. Ein Satz wie »Ganz Galiläa ist von den Römern besetzt« ist nur für Leute witzig, die *Asterix*-Comics kennen.

Verändern Sie geläufige Phrasen und Formeln aus dem biblischen oder gottesdienstlichen Sprachgebrauch durch den Austausch einzelner Buchstaben. Dazu kann es hilfreich sein, erst einmal Reime auf die einzelnen Wortbestandteile zu sammeln. Vielleicht tauchen hier nicht nur einzelne Pointen, sondern auch ganze Textideen auf.

Man kann nicht nur einzelne Buchstaben und Wörter, sondern auch ganze Satzteile austauschen. Vorzugsweise den letzten Teil, so können Sie im ersten Teil eine Erwartung wecken (Setup) – überhaupt gilt meistens die Regel, dass die Pointe an den Schluss gehört, und zwar so weit wie nur irgend möglich.

Friede auf Erden und den Menschen ein Unbehagen. (Hüsch)
Die Axt im Haus erspart den Scheidungsanwalt.
Brot für die Welt und Kuchen für mich. (Die Höhner)
Morgenstund ist immer zu früh.

Aus inhaltlicher Sicht haben Sie dabei zwei Möglichkeiten: Sie können im zweiten Teil in eine gänzlich unerwartete Richtung gehen oder auf das absolute Gegenteil des üblichen Verständnisses einer Formel oder Phrase abzielen. Bei geprägten Wendungen ist wichtig, dass der Rhythmus des Originals beibehalten wird: *Hier stehe ich, ich kann auch anders* oder *Hier stehe ich, es war ganz anders*[93] funktionieren besser als *Hier stehe ich, obwohl ich lieber woanders wäre.*

Variieren Sie biblische oder religiöse Redensarten, indem Sie den Schluss verändern. Spielen Sie dabei mit der Fallhöhe und mit der Richtung der Pointe.

Mit solchen Variationen können Sie nicht nur ein paar Lacher ernten, sondern auch inhaltlich Stellung beziehen, insbesondere dann, wenn eine weitere Bedeutungsebene hinzukommt. Dazu gleich mehr.

»Fuchs, du hast die Gans gestreichelt« ist zunächst bloßes Spiel mit einer geprägten Wendung, in diesem Fall dem Titel eines bekannten Kinderlieds. Biblisch versierte Zuhörer denken vielleicht auch an messianische Tierfriedensvisionen (Jes 11,6–8; 65,25). Suchen Sie weitere Beispiele.

Ein weiteres effektvolles Mittel ist die *sprachliche Neuschöpfung* oder der *Neologismus:* Sie erfinden einfach ein Wort, das es (noch) nicht gibt. Oder variieren ein bereits bekanntes. Als in den 1990er-Jahren der *Warmduscher* (Synonym für *Weichei*) aufkam, dauerte es nicht lange, bis unzählige Synonyme (z. T. spezifisch kirchlicher Art) und Antonyme auftauchten: Vom *Schattenparker* über *Gesangbuchbändcheneinleger, Taufwasservorwärmer, Einzelkelchtrinker* und *Liednummernansager*[94] bis zum *Mit-Nasenbluten-Hai-Entgegenschwimmer*. Das letzte Beispiel ist fast schon zu lang, Neologismen leben meist von ihrer unmittelbaren Verständlichkeit und ihrer beiläufigen Benutzung.

---

93 Herlyn (2017), Malessa (2017).
94 Vgl. die Liste von Alexander Seidel, https://pastors-home.de/?p=1037 – abgerufen 25.07.2018.

Schaffen Sie Wörter, die es noch nicht gibt, die es aber geben müsste. Zum Beispiel für die Leute, die sich konsequent in die letzten drei Bankreihen der Kirche setzen. Oder für den roten Tee, den es immer in Jugendherbergen gibt. Sammeln Sie dann, wenn es sich anbietet, Synonyme oder Antonyme.

Eine Sonderform des Neologismus ist die *Transposition,* also das Überführen bekannter Wörter in eine andere Wortart. Der Satiriker Wiglaf Droste tut das besonders gern, von ihm stammen so schöne Beispiele wie *heulsusen, teeig* oder *Krawallschachteleien.*

Nehmen Sie Ihre Liste mit Kirchenbegriffen zur Hand und transponieren Sie sie in eine andere Wortart. Schreiben Sie zu jedem Wort entweder eine kurze Definition (was tut jemand, der oder die »klingelbeutelt«?) oder einen kurzen Text, in dem dieses Wort vorkommt.

Verhörer oder *Mondegreens* (wie *der weiße Neger Wumbaba,* den Axel Hacke erblickte, als *der weiße Nebel wunderbar* im Abendlied von Matthias Claudius wallte), ebenso das wörtliche (Miss-)Verstehen von Metaphern können reine Wortwitze sein, aber auch zum Motor einer komischen Geschichte werden, wenn die Missverständnisse Konsequenzen haben. Sie können auch das Markenzeichen einer komischen Figur sein.

Marc-Uwe Kling spielt in seinen *Känguru-Chroniken* sehr erfolgreich mit falsch zugeordneten Zitaten[95]: Da wird Lukas Podolski der eigentlich von Buddha stammende Satz »Alles, was wir sind, ist das Resultat von dem, was wir gedacht haben« untergeschoben. Oder Kants kategorischer Imperativ als Maxime Silvio Berlusconis ausgegeben. Sie ahnen: Auch hier entscheidet die Fallhöhe, der möglichst breite garstige Graben zwischen Zitat und falschem Urheber, über die Wirksamkeit der Pointe.

Schreiben Sie ein paar berühmte Zitate auf. Suchen Sie dann falsche Urheber – am einfachsten geht das, wenn Sie sich zu jedem Zitat überlegen: Wessen Image steht im absoluten Gegensatz zum Gesagten?

---

95 Kling (2009).

Für die meisten bislang vorgestellten Schreibanregungen gilt: Sie bringen zunächst kleinere Pointen hervor, die wenig kosten und begrenzte Wirkung haben. Rechnen Sie dabei mit einer ganzen Menge Ausschuss – im Comedy-Bereich gilt die sogenannte *Neuner-Regel*, die besagt, dass von zehn Ideen nur eine brauchbar ist.[96] Sie können sich einen kleinen Vorrat an Wort- und Sprachwitzen anlegen, um diese an geeigneter Stelle einzustreuen und damit die Gagdichte eines Textes zu erhöhen. Dies sollte allerdings mit Bedacht geschehen, weil strukturell ähnliche Wortwitze die Zuhörenden schnell ermüden.

Selbst kurze Pointen können aber eine tragende Rolle für das Textganze bekommen, wenn in ihnen eine Haltung erkennbar wird. Dann gehören sie an eine prominente Stelle. Christina Brudereck beginnt einen der ersten bekannteren Preacher-Slam-Beiträge mit dem schlichten Satz:

Am Anfang, am Beginn, am ersten aller Tage sprach Gott mit ihrer klaren, warmen Altstimme …[97]

Der erste Teil des Satzes ist das Setup: Das Zitat einer bekannten religiösen Wendung weckt bestimmte Erwartungen, die durch die Konkretion einen Bruch erfahren. Die Pointe ist hochgradig entlarvend und traditionskritisch, weil sie natürlich darauf aufbaut, dass das Publikum sich Gott als Mann vorstellt. Brudereck ist dabei in guter Gesellschaft, in US-amerikanischen feministischen Kreisen gibt es seit den 1980er-Jahren den Slogan: *God is coming. And she's pissed.* In Deutschland entstand in einem ähnlichen Kontext der Witz: *Als Gott den Mann schuf, übte sie noch.* Brudereck Anfangssatz ist dabei zugleich eine Programmerklärung: Es geht um einen neuen Blick auf die Schöpfungsgeschichte und damit auf Gott selbst.

✐ Überprüfen Sie Ihre bisher fabrizierten Pointen daraufhin, ob in ihnen eine inhaltliche Stellungnahme oder eine Überzeugung zum Ausdruck kommt. Wenn ja – eignen sie sich als Ausgangs-, Mittel- oder Schlusspunkt eines ganzen Textes? Probieren Sie es aus!

---

96 Vorhaus (1994), 12–14.
97 https://www.youtube.com/watch?v=yWITZ__rLV4 – abgerufen 26.07.2018.

2.8.4 Größere Pointen

Nochmal zur Wiederholung: Komisch wird ein Text durch *Pointen,* d. h. durch komische Wendungen sprachlicher oder dramaturgischer Art. Entscheidend für das Gelingen einer Pointe ist die *Fallhöhe,* also das Maß an Inkongruenz zwischen dem Erwarteten und dem Geschilderten.

Vergleich, Übertreibung und Untertreibung

Von einer *Übertreibung (Hyperbel)* spricht man dann, wenn das Geschilderte das Maß des Erwartbaren übersteigt. Je stärker die Übertreibung, desto größer die Fallhöhe. In Texten, deren Intention nicht unbedingt komisch ist, dient sie dazu, dem Gesagten mehr Nachdruck zu verleihen und Emotionen zu wecken. Das ist zum Beispiel im Gleichnis vom Nadelöhr (Mk 10,25) der Fall.

Schreiben Sie zehn Variationen vom Kamel-Nadelöhr-Gleichnis, wobei der zweite Teil gleich bleibt und nur das Bildwort verändert wird. Schreiben Sie dann zehn Sätze völlig freien Inhalts, bei denen nur noch die Form dem Gleichnis *(eher ..., als dass ...)* entspricht.

Viele nonverbale, slapstick-inspirierte Sketche funktionieren durch eine Abfolge immer mehr ins Groteske gesteigerter Wirkungen eigentlich trivialer Ursachen, etwa Loriots Klassiker *Das Bild hängt schief*: Ein Vertreter wird gebeten, im exklusiv eingerichteten Wohnzimmer zu warten. Über dem Sofa hängt ein großes abstraktes Gemälde zwischen zwei kleineren. Das linke hängt schief. Beim Versuch, es zu begradigen, verrutscht das große Bild im Rahmen. Durch die Ungeschicklichkeit des Protagonisten kommt es zu einer Kettenreaktion, an dessen Ende das Wohnzimmer komplett verwüstet ist – was wiederum im deutlichen Kontrast zu seinem Ursprungszustand steht (im Wohnzimmer eines Messies würde der Sketch so nicht funktionieren). Einige der bekanntesten Nummern der Radiocomedy-Reihe *Stenkelfeld* funktionieren nach einem ähnlichen Muster. Auf die Idee zu so etwas kommt man im Wesentlichen über zwei Wege: Man kann den unerwarteten Effekt einer trivialen Handlung in Gedanken weiterspinnen.

! Überlegen Sie sich Dinge, die im Alltag schiefgehen können, üblicherweise aber ohne größere Konsequenzen bleiben. Stellen Sie sich vor, was theoretisch alles passieren könnte, gehen Sie einen Schritt weiter und stellen Sie sich weitere dramatische Konsequenzen vor. Entwickeln Sie daraus eine Kettenreaktion, an deren Ende die Katastrophe steht.

Sie können auch von der Katastrophe am Ende ausgehen und die Kettenreaktion rückwärts entwickeln. Als eine solche Katastrophe könnte man die Erschaffung des Menschen bezeichnen – immerhin sollen die Engel nach dem Midrasch (BerR 8,4) dagegen massiven Einspruch eingelegt haben.

🖉 Schreiben Sie die Schöpfungsgeschichte als verhängnisvolle Kettenreaktion um, an deren Ende der Mensch die Erde bevölkert. Orientieren Sie sich dabei, wenn es Ihnen hilft, an Loriots Bild-Sketch. Spannend, aber nicht unbedingt notwendig ist der Blick darauf, wie Gott sich am Ende entscheidet, mit diesem Desaster umzugehen.

Noch ein Kunstgriff: Eine solche Geschichte lässt sich auch als *Rückwärtstext* erzählen, der mit der Katastrophe beginnt und mit dem scheinbar trivialen Auslöser endet.

🖉 Schreiben Sie einen Rückwärtstext, der mit folgendem Schluss beginnt: »Gott seufzte. Dann drückte er den roten Knopf mit der Aufschrift ›Reset‹. Und die Erde war wieder wüst und leer ...«

Erinnern Sie sich an den Witz mit dem Stock? Biblisch versierte Leserinnen denken dabei vielleicht an die Berufungsgeschichte des Mose, genauer gesagt an Ex 4,2: Mose lamentiert unerwartet (V. 10) wortreich gegen seine von Gott geplante Berufung – allein daraus ließe sich ein witziger Text stricken. Gott geht darauf ein und fragt: »Was hast du in der Hand?« Vom Duktus der Geschichte her würde man hier vielleicht eine Art Wunderwaffe erwarten, etwas, das Mose bislang nicht hatte oder übersehen hat, das ihm aber dabei helfen wird, seinen enormen Auftrag auszuführen. Mose antwortet trocken: »Einen Stock.« *Das* nennt man Fallhöhe. In erzählerischer Hinsicht liegt hier eine *Antiklimax* vor, die natürlich dazu dient, das daran anschließende Wirken Gottes hervorzuheben.

Schreiben Sie einen inneren Monolog Moses nach diesem kurzen Wortwechsel.

Über- und Untertreibungen lassen sich wirkungsvoll durch *Sequenzen* vorbereiten, allgemein etabliert sind dabei Dreierschritte.[98] Das Cäsar-Zitat »Ich kam, sah und siegte« ist eine klassische *Klimax,* durch eine Untertreibung oder eine unerwartete Wendung (die im vorliegenden Fall automatisch hinzukommt, weil die Phrase allgemein bekannt ist) im dritten Schritt wird daraus eine Pointe:
Ich kam, sah und machte mir in die Hose.
Ich kam, sah, überlegte kurz und ging wieder nach Hause.
Ich kam, sah und rief nach meiner Mutter.

Auch im größeren Zusammenhang sind Sequenzen wirksam, sie können aus mehreren *Szenen* oder *Moves* (s. Kap. 4.2) bestehen.

Schreiben Sie einen kurzen Text zum Thema »Berufung«, der aus drei Sequenzen besteht. Die letzte Sequenz handelt von Ihnen. Der Text soll lustig sein – nutzen Sie das humoristische Handwerkszeug, das Sie haben.

Zusammenprall verschiedener Kontexte

Der US-amerikanische Humorist John Vorhaus, aus dessen Feder die Sitcom *Eine schrecklich nette Familie* stammt, hat eine Reihe brauchbarer Werkzeuge vorgestellt, darunter den *clash of contexts,* also den Zusammenprall von Kontexten, die nicht zusammengehören, die »erzwungene Union von Inkompatibilitäten«[99]. Das kann die Grundidee einer Geschichte sein. Alle Filme und Serien, in denen der Protagonist in eine fremde Welt hineingeworfen wird, funktionieren nach diesem Muster, von *Sister Act* (Nachtclubsängerin versteckt sich im Kloster) bis *ALF* (Außerirdischer wird zum Mitbewohner einer amerikanischen Durchschnittsfamilie), stellenweise auch *Jesus liebt*

---

98 Vgl. zur Dreierstruktur von Pointen Shatz/Helitzer (2016), 112–124.
99 Vorhaus (1994), 48 (Übersetzung HP).

dich. Vielleicht entdecken Sie gerade ein humoristisches Gestaltungselement für einzelne Stationen der Heldenreise (s. Kap. 2.7). Es versteht sich von selbst, dass die Fallhöhe bei stark auseinanderklaffenden Kontexten besonders hoch ist: Ein katholischer Priester in einer evangelischen Pfarrstelle mag zwar Fremdheitserfahrungen machen, effektiver wäre aber ein Zen-Mönch. Oder eine Bundeswehrausbilderin.

🖉 Sammeln Sie Beispiele für den Zusammenprall verschiedener Kontexte. Wenn Sie mindestens zehn Beispiel beisammenhaben, entscheiden Sie sich für dasjenige, das Sie für tragfähig halten und an dem Sie weiterarbeiten möchten. Nehmen Sie sich einen Moment Zeit und überlegen Sie, was genau dieses Beispiel so überzeugend macht. Denken Sie sich dann Situationen aus, in denen dieser Zusammenprall komisch sein könnte. Sie ahnen, wie viele Situationen Sie mindestens aufschreiben sollten …

Bei den oben genannten Mustern können Sie entscheiden, auf wessen Kosten die Pointen gehen: Zielscheibe des Humors kann der oder die Fremde sein, aber auch der Kontext, in dem er oder sie sich befindet. Natürlich können Sie auch versuchen, die Pointen einigermaßen gerecht zu verteilen. Aber Vorsicht: Humor verträgt nicht allzu viel Ausgewogenheit.

Viele komische Slam-Texte ziehen ihr Potenzial aus einem Zusammenprall verschiedener Kontexte. Meistens geht es um ein narratives Ich, das Schwierigkeiten hat, sich in der Alltagswelt mit ihren Regeln und Überzeugungen zurechtzufinden, oder mit Menschen in seiner näheren Umgebung konfrontiert ist, die gänzlich andere Werte leben.

🖉 Sammeln Sie Fremdheitserfahrungen: Notieren Sie mindestens zehn Situationen, in denen Sie sich wie vom anderen Stern gefühlt haben. Wählen Sie eine aus und machen Sie einen ganzen Text daraus.

Damit ist das Feld für eine ganze Reihe von Pointenmöglichkeiten bereitet, allen voran die *unangemessene Reaktion,* ein weiteres brauchbares Hilfsmittel aus Vorhaus' Werkzeugkiste.[100]

---

100 Vgl. Vorhaus (1994), 50 f.

Unangemessene Reaktionen und Tabus

Unangemessene Reaktionen sind Brüche von Konventionen. Das können Verstehens- und Bedeutungskonventionen sein, wenn etwa bildhafte Ausdrücke oder geprägte Wendungen wörtlich und damit missverstanden werden.

> Bislang, denkt sich Frederic Mbutu, habe ich mich ganz gut gehalten. Er hat sich natürlich gründlich auf die Trauerfeier vorbereitet. [...] Die Andacht in der Kapelle ist vorbei, der Zug der Trauernden am Grab angekommen. Jetzt, so hat er es gelernt, tritt der Pfarrer an den Sarg [...]. Auch das erscheint ihm im Vergleich zu Afrika merkwürdig. Aber so ist das wohl in Deutschland. – Mein Gott, was macht der denn da? Erschrocken reißt Margret die Augen auf. [...] jetzt ... geht der Pfarrer aus Afrika zum Sarg, holt aus wie Andy Brehme beim Elfmeter ... und tritt an den Sarg! Mit Karacho! [...] Na gut. So machen die das wohl in Afrika.[101]

Sammeln Sie einige typische Handlungsanweisungen aus dem kirchlichen, vor allem gottesdienstlichen Sprachgebrauch. Skizzieren Sie kurz, zu was für einer Reaktion ein Missverstehen dieser Anweisungen führen könnte. Überlegen Sie dann, welche Personen für ein solches Missverständnis prädestiniert sind. Nutzen Sie dieses Material für einige komische Szenen.

Im Interesse einer wirksamen Fallhöhe ist es natürlich sinnvoll, *extrem* unangemessene Reaktionen zu kreieren. Das fällt bei besonders ernsten Ausgangssituationen erstmal leichter als im Alltag: Der Gottesdienst ist für viele Menschen eine solche ernste Situation, eine Beerdigung für alle Beteiligten.

Notieren Sie einige Situationen, in denen die Beteiligten besonders angespannt sind. Das können Gottesdienste, speziell Beerdigungen sein, aber auch der Antrittsbesuch bei den Schwiegereltern oder ein Vorstellungsgespräch. Notieren Sie zu jeder Situation erst einmal einige erwartete Verhaltensweisen. Überlegen Sie sich dann, was das jeweilige Gegenteil dieser erwarteten Verhaltensweisen wäre.[102]

---

101 Becker/Hoeffchen (2017), 75.
102 Vgl. Vorhaus (1994), 50.

Die unangemessene Reaktion kann bis zum *Tabubruch* gesteigert werden. Damit lässt sich zum Beispiel die Macht ungeschriebener Regeln verdeutlichen.

 Notieren Sie ein paar ungeschriebene Regeln des Kirchen- oder Gemeindealltags.

Im Internet machen seit einiger Zeit Kurzwitze unter der Überschrift *Wenn mir langweilig ist …* die Runde. Zum Beispiel: »Wenn mir langweilig ist, frage ich in Elternforen, wie großflächig man Schimmel aus Pausenbroten rausschneiden muss.« Oder »… was ich meiner Dreijährigen in die KiTa mitgeben soll: Pepsi oder Coke?« Oder »… dann schreibe ich bei chefkoch.de unter jedes vegane Rezept: Ich habe noch Hackfleisch drangemacht, dann war's lecker!« Im Hintergrund steht hier der Spaß am imaginierten Tabubruch in meinungshomogenen Diskussionsgruppen. Manche dieser Witze bieten den Anlass für längere Eskalationsgeschichten – so etwas wäre doch auch für die Kirche denkbar.

 Schreiben Sie ein paar Beispiele aus dem Kirchenleben: »Wenn mir langweilig ist …« Denken Sie dran: Es geht hier um den gezielten Tabubruch oder das Ausscheren aus einem allgemeingültigen Konsens – nutzen Sie Ihre Liste mit ungeschriebenen Kirchenregeln. Vielleicht können Sie bei einem oder mehreren Ihrer Beispiele die Eskalationsspirale ein bisschen ausmalen.

Parodie und Satire

Eine Parodie ist die »humoristische Imitation eines spezifischen Kunstwerks, einer Person, Idee oder historischen Periode.«[103] Ein Teil des Humors geht dabei immer auf Kosten des Originals – im Laufe des Schreibprozesses ist es daher sinnvoll, sich Gedanken über die eigene Haltung dazu zu machen: Parodieren Sie ein Genre, einen Stil oder eine Person aus Bewunderung und Sympathie? Oder weil Sie Kritik daran üben? Oder weil Sie eine etablierte Form als Vehikel für neue Ideen nutzen wollen?[104]

---

103 Rishel (2002), 201 (Übersetzung HP).
104 Vgl. Rishel (2002), 202.

Gehen Sie von Ihnen bekannten Parodien aus. Untersuchen Sie sie
darauf, welche Haltung des Urhebers erkennbar wird.

Ein entscheidendes Kriterium für eine gelungene Parodie ist ihre *Treffsicherheit*, d. h. die Nähe zum parodierten Gegenstand. Das setzt viel Leseerfahrung und Einfühlungsvermögen voraus: Wer ein Genre parodieren will, sollte ein sehr sicheres Gefühl für seine formalen und inhaltlichen Eigenheiten haben. Nur dann erkennen Zuhörende die Parodie überhaupt als solche. Auch hier freilich nur dann, wenn ihnen das Original bekannt ist.

Lesen Sie sich in das weite Feld schlecht übersetzter Gebrauchsanweisungen ein. Das Internet bietet eine ganze Reihe von Sammlungen. Notieren Sie Gemeinsamkeiten, typische Wendungen. Experimentieren Sie damit herum – viel Schönes kann auch beim Spiel mit Übersetzungs-Apps entstehen: Kopieren Sie einen bekannten Text, lassen Sie ihn dann in eine möglichst exotische Sprache übersetzen, das Ergebnis in eine weitere – und lassen Sie dieses Ergebnis dann zurück ins Deutsche übersetzen.

Eine treffsichere Parodie kann für sich selbst genommen witzig sein, der Effekt lässt sich steigern, wenn bereits zwischen *Inhalt* und *Stil* eine Fallhöhe besteht: Gebrauchsanweisungen beziehen sich in den allermeisten Fällen auf (technische) Gegenstände. Ein komischer Effekt lässt sich dadurch erzielen, dass es nicht um Dinge, sondern um Personen oder Gefühle geht.

Schreiben Sie eine Gebrauchsanweisung für »Menschen«. Wahrscheinlich ist es hilfreich, wenn Sie erst brainstormen und in einem späteren Schritt stilistische Anpassungen vornehmen. Wenn Sie eine schlecht übersetzte russische oder japanische Gebrauchsanweisung parodieren wollen, überlegen Sie, ob Sie den Grad der Absurdität steigern. Am Ende sollte dann der wirkungsvollste Sprachwitz stehen.

Die Parodie kann den gesamten Text ausmachen, aber auch in einem mehrschichtigen Narrativ durch eine *Rahmenhandlung* umschlossen sein. Diese sollte als eigenständiger Text behandelt werden (s. Kap. 2.7), sonst wirkt sie schnell kraftlos und verzichtbar.

🖉 Entwerfen Sie zu Ihrer Gebrauchsanweisung für den Menschen eine Rahmenhandlung, in der es darum geht, dass Gott sie liest. Dabei ist zunächst zu klären, mit welcher Intention und in welcher Situation dies geschieht: Nimmt Gott die Gebrauchsanweisung vor der Schöpfung zur Hand (Gen 1,26), um zu wissen, wie es geht, oder erst, nachdem ihm erste Zweifel gekommen sind (Gen 8,21)? Wie geht Gott weiter mit dem Text um – befolgt er sie Punkt für Punkt? Und wenn ja: Was kommt dabei heraus? Oder legt er sie irgendwann entnervt zur Seite? Wenn ja: Schreibt er vielleicht eine eigene? Spannend wäre auch, woher die Gebrauchsanweisung eigentlich kommt ... Klären Sie auf jeden Fall irgendwann die Intention der Rahmenerzählung: Wo wollen Sie damit hin? Es kann auch sein, dass Sie im Lauf des Schreibens noch einmal die Gebrauchsanweisung verändern und beide Texte aneinander anpassen.

Wenn Ihre Parodie eine hauptsächlich kritische Intention hat, rückt sie in die Nähe der *Satire*. Schon die Zuordnung von Stil und Inhalt kann satirisches Potenzial haben – wenn Sie, wie in obigem Beispiel, eine Gebrauchsanweisung für den Menschen schreiben, kann das auch eine Kritik an einer Gesellschaft sein, die den Menschen zum Wirtschaftsfaktor degradiert.

❗ Wahrscheinlich hat Ihre Gebrauchsanweisung schon satirische Züge. Überprüfen Sie, wer oder was jeweils Zielscheibe der Kritik ist. Machen Sie sich klar, dass eine Satire letzten Endes durch die Aufdeckung von Missständen Veränderungen herbeiführen will. Was wollen Sie?

2.8.5 Humor und Haltung

Wie bereits mehrfach angeklungen, geht Humor nicht ohne Haltung. Dazu gehört die Entscheidung, alltäglichen und außeralltäglichen Phänomenen eine komische Seite abzuringen. Dazu gehört auch das Eingeständnis, dass Humor, vor allem, wenn er Raum für Zwischentöne lässt, sich aus der Verbindung von »Wahrheit und Schmerz«[105] speist – und dass im Lachen des Publikums über eine komische Situation auch immer die Erleichterung mitschwingt, selbst nicht betroffen gewesen zu sein. Die Fähigkeit zum humorvollen Schrei-

---

105 Vorhaus (1994), 1–8.

ben ist eng mit der Bereitschaft zum Risiko verbunden:[106] Wer einen komischen Bruch gestaltet, braucht Mut und Entdeckergeist, weil man den Rahmen des Erwartbaren verlässt. Vielleicht kennen Sie Menschen, die von sich sagen: »Ich kann keine Witze erzählen!« Vielleicht gehören Sie auch selbst dazu. Nur: Wer diesen Satz fehlerfrei sagen kann, ist zumindest physisch und kognitiv in der Lage, einen Witz zu erzählen. In den allermeisten Fällen, also dort, wo ausbleibende Lacher nicht am Publikum oder der Pointe an sich liegen, dürfte das Problem die Haltung sein: Will ich diesen Witz gerade wirklich erzählen? Halte ich die Pointe für gelungen? Passt das in diesen Kontext oder zu meiner Rolle? Die ersten beiden Fragen sollten Sie mit »Ja!« beantworten, bei der dritten reicht auch ein herzliches: »Egal!« Unsicherheit schlägt sich oft in ineffektivem Timing nieder: Das Setup ist zu wortreich oder zu knapp, um Spannung zu erzeugen, die Pointe verzögert sich, eventuell wird noch ein erklärender Satz hinterhergeschoben. Damit hängt auch zusammen, dass Humor immer parteiisch ist und wenig Raum für Zwischentöne lässt: Jeder Witz geht unvermeidlich auf irgendjemandes Kosten. Deswegen gilt: »Als Autor brauchen Sie ein Urteil […]. Je deutlicher Sie Farbe bekennen, desto klarer wissen Sie, wohin Ihr Comedy-Express fährt.«[107]

! Wenn Sie einen pointendichten Text haben: Fragen Sie bei jeder Pointe, auf wessen Kosten sie geht. Überlegen Sie dann, ob das Gesamtbild Ihrer Textintention und Ihrer Grundhaltung entspricht.

2.8.6 Die Bibel humoristisch lesen lernen

Die Bibel ist voll von witzigen Texten, Wortspielen, beißender Ironie und treffsicherer Satire. Ein leuchtendes Beispiel für humoristische Erzählkunst ist das Buch Jona, das in der jüdischen und US-amerikanischen Exegese schon länger als Satire gilt, während die deutschsprachige Forschung sich sehr lange mit Händen und Füßen gegen diese Interpretation gewehrt hat.

---

106 Vorhaus (1994), 9–18.
107 Maak (2007), 80.

Lesen Sie das Buch Jona – allzu lang ist es ja nicht. Notieren Sie die Dinge, die Sie witzig finden. Zum Beispiel Jonas Erstreaktion: Gott spricht, und er läuft weg. Oder die Reaktion des Fisches auf Jonas Psalm – er kotzt ihn nämlich an Land. Und so weiter. Erzählen Sie dann die Geschichte nach, verstärken Sie dabei die komischen Elemente.

Über biblischen Humor gibt es eine Menge Literatur[108], und sie scheint nötig zu sein: Viele Menschen übersehen solche Stellen, weil sie nicht davon ausgehen, dass sie Humor in der Schrift finden – hier spielt wieder das falsche, aber weit verbreitete Missverständnis eine Rolle, »lustig« sei das Gegenteil von »ernst« im Sinne von »ernst gemeint« oder »aufrichtig«. Auch die humoristische Bibellektüre ist eine Sache der Haltung: Wer suchet, der findet!

 Achten Sie beim Lesen der Bibel auf humoristische Gestaltungsmittel: Auf Kontexte, die zusammenprallen (Mk 5,11), auf unangemessene oder unerwartete Reaktionen (Joh 8,6b), auf geistreiche Wortwechsel, Über- oder Untertreibungen und dergleichen. Wenn Sie etwas gefunden haben, nehmen Sie sich einen Moment Zeit. Überlegen Sie, wer oder was hier Ziel des Humors ist. Schreiben Sie einige Minuten assoziativ dazu.

2.8.7 Pointenökonomie

Ob Sie einen durchgehend witzigen Text schreiben oder nur mit einzelnen Pointen gezielte Akzente setzen wollen, Sie sollten sich auf jeden Fall Gedanken über die Pointenökonomie machen.

Auf der *Makroebene* wird oft der Fehler gemacht, dass zu viele wenig aufwändige Pointen zweckfrei aneinandergereiht werden (wodurch das Publikum irgendwann ermüdet) oder direkt am Anfang alles Pulver verschossen und der Text nach hinten raus immer langweiliger wird. Deshalb gibt es die sinnvolle Regel: »Fange mit dem zweitbesten Gag an, setze den besten an den Schluss und bringe dazwischen nur gute.«[109] Der Grund liegt auf der Hand: In

---

108 Einen klugen Überblick bietet Gisela Mathiaes WIBILEX-Artikel zum Thema: https://www.bibelwissenschaft.de/stichwort/21610/– abgerufen am 26.07.2018.
109 Dachselt/Schwarz/Sprang (2013), 162.

den ersten Minuten eines Vortrags ist die Aufmerksamkeit der Hörenden am höchsten, es bietet sich also an, hier für gute Stimmung zu sorgen und die Aufmerksamkeit auch für die folgenden Minuten abzusichern. Der Schluss bleibt buchstäblich im Raum stehen und bestimmt damit den Gesamteindruck entscheidend mit.

Wenn Sie ein paar Pointen zu einem Thema beisammenhaben: Sortieren Sie sie nach Wirksamkeit. Diese Einschätzung wird unterschiedlich ausfallen, wenn Sie sich verschiedene Zuhörer vorstellen. Versuchen Sie dann, die Pointen nach oben genannter Regel anzuordnen, und schreiben Sie den Text dazwischen.

Wie bei allen Texten, so ist auch hier die Intention entscheidend. Wenn eine Pointe Ihre inhaltliche Position oder einen wichtigen Gedankengang veranschaulicht, gehört sie an eine prominente Stelle. Wenn es sich um einen eingängigen Ein- oder Zweizeiler handelt, könnte dieser sogar eine Art *Kehrvers* sein. Eine gute und inhaltlich-dramaturgisch tragfähige Pointe kann auch als *Running Gag* in immer neuen Variationen auftauchen – das ist wichtig, damit sie sich nicht verbraucht. Eine Pointe lässt sich auf verschiedene Weise variieren: Sie können jeweils ein Detail der Pointe ändern (wie beim Umgang des Butlers mit dem Tigerkopf in *Dinner for One*). Sie können die Pointe einer jeweils anderen Figur in den Mund legen und dadurch ihren Kontext verändern. Wenn ein Running Gag etabliert ist und vom Publikum erwartet wird, haben Sie die Möglichkeit, diese Erwartung zu enttäuschen, indem Sie die Pointe verändern oder ganz auslassen.

Gehen Sie gedanklich noch einmal Ihre Liste mit »Stock«-Witzen (s. Kap. 2.8.2) durch. Wählen Sie einige aus, die Sie zu einem Text verbinden, in dem die Antwort »Ein Stock!« der Running Gag ist. Achten Sie dabei auf die Pointenökonomie.

Gemeinsames Lachen ist gut für die Chemie zwischen Rednerin und Hörern. Kürzere Pointen, witzige Zwischenbemerkungen können nach trockenen Passagen (solche hat jeder Text) dazu dienen, Zuhörern den Wiedereinstieg zu erleichtern, oder nach atmosphärisch dichten Teilen als *Comic Relief* emotional entlasten. Letzteres ist sehr anspruchsvoll und sollte nur mit Bedacht eingesetzt und keinesfalls aus dem Ärmel geschüttelt werden.

Im Blick auf die *Einzelpointe* ist vor allem das quantitative und damit zeitliche Verhältnis *(Timing)* von Setup und Punchline entscheidend. Das Setup sollte so kurz wie möglich und so ausführlich wie nötig sein: Die Zuhörenden brauchen alle relevanten Informationen, um die Pointe zu verstehen, zugleich nimmt ein zu langer Anfahrtsweg einen Großteil der Spannung. Auch die Punchline muss kurz und treffsicher sein, die Auflösung sollte dabei ganz am Ende stehen, um Raum für die Reaktion zu lassen. Am Beispiel der Scherzfrage mit dem Stock lässt sich verdeutlichen, wie man es nicht macht (und wie sehr manche handwerklichen Schwächen mit Haltungsfragen zusammenhängen):

> Die Aborigines, die Ureinwohner Australiens, haben ja den Bumerang erfunden, ein geschwungenes Wurfholz, das in einem großen oder kleinen Bogen wieder zurückkommt. Wobei – es gibt ja auch Bumerangs, die nicht zurückkommen, und zwar nicht nur, weil sie falsch geworfen sind. Wissen Sie, wie die Aborigines einen solchen Bumerang nennen? Na, die Antwort ist ganz einfach: »Stock« nennen die das!

Das Setup ist unnötig lang und kompliziert (jeder Mensch weiß, was ein Bumerang ist), einige Aspekte der Sprache wirken pedantisch (der politisch korrekte Verweis auf die Aborigines und ein technisches Wort wie »Wurfholz«), die eingeschobene Pointe mit der falschen Wurftechnik ist schwach und lenkt vom Thema ab. Die Punchline wird durch einen paternalistisch-deutenden Einwurf verzögert, das eingeschobene »Na« wirkt gekünstelt, jede restliche Kraft wird ihr genommen, indem der Punchline ein unnötiger Nachsatz angehängt wird – dadurch wissen die Zuhörenden nicht mehr, wann sie lachen sollen.

! Wenn Sie in einer Predigt kürzlich einen Witz oder eine lustige Anekdote erzählt haben, nehmen Sie sich Ihr Manuskript noch einmal hervor und überprüfen Sie, ob es sich handwerklich verbessern lässt.

Schwierigkeiten beim Kürzen des Setups können ein Indikator dafür sein, dass die Pointe vor Ihrem intendierten Publikum nicht funktioniert: Wer nicht weiß, was ein Bumerang ist, wird über den Witz mit dem Stock nicht lachen. Auch dann nicht, wenn Sie ihm vorher wortreich erklären, was ein Bumerang ist – das Konzept ist noch zu neu und unbekannt, um eine Erwartungshaltung zu schüren, die mit der Pointe gebrochen werden kann.

Zwischenruf von der Bühne: Vergiss den Anlass!

Wenn *Preacher* gegen *Poets* antreten – so ganz überzeugend ist diese Unterscheidung nicht, immerhin gibt es genug Pfarrerinnen, die außerordentlich poetische Kanzelreden halten, und ebenso viele Poeten, die auf der Bühne eigentlich predigen –, dann ist das Ergebnis meistens vorhersehbar: Oft gewinnt ein Theologe oder eine Theologin in der Einzelwertung, wenn er oder sie besonders begabt oder slam-erfahren ist. Wenn dagegen die Gruppenwertung entscheidet, gewinnen die Slam-Profis, und zwar meist haushoch.

Das muss nicht zwangsläufig daran liegen, dass die Slam-Poeten per se die besseren Texte schreiben. Aber in aller Regel sind sie weitaus erfahrener als die oftmals debütierenden Pfarrer, können die Wirkung von Text und Performance auf das Publikum besser abschätzen und sind mit ihren Texten vertrauter. Kaum ein Szeneprofi schreibt einen Text für einen speziellen Slam. Und das macht die Texte besser. Weil es dann um etwas geht, das aus ihnen selbst herauskommt, ein Thema, das ihnen am Herzen liegt, ein Gedanke, der ihnen wichtig ist. Die Texte wachsen und reifen mit der Zeit, weil sie durch die Republik ziehen und in ganz unterschiedlichen Settings vorgetragen werden. So gesehen stehen Slam-Poeten unter einem viel geringeren Leistungs- und Aktualisierungsdruck als der Pfarrer, der pro Woche meist mehrere Texte produzieren und abliefern muss.

Kirchenleute haben oft sehr viel Spaß daran, Eventformate mit möglichst witzigen Titeln zu dekorieren. Kaum ein Preacher-Slam bleibt davon verschont – man muss ja irgendwie sicherstellen, dass das Ganze auch bloß thematisch passt. Außerdem freuen sich nicht so erfahrene Slammer über die vermeintliche Arbeitserleichterung. Es bringt sie aber zu dem krampfhaften Versuch, mäßig witzige Slogans unterzubringen – und führt damit weg vom eigenen Leben. Deswegen: Vergessen Sie den Anlass!

3 Schreibanlässe

3.1 Die Bibel

Gerhard Marcel Martin hat für den Gebrauch von Bibelstellen beim Preacher-Slam das eindrückliche Bild von der »ausgewilderten Exegese« geprägt: »Etwas, das bereits kultiviert, den eingriffslosen Naturvorgängen entzogen wurde, wird der ›Natur‹ vorübergehend zurückgegeben.«[110] Für slam-inspirierte Predigt bedeutet das, biblische Texte vom Ballast traditioneller Theologie zu befreien, den Staub der Rezeptionsgeschichte abzuklopfen und ihnen durch Sprach- und Gedankenspiele unverbrauchte Deutungen und überraschende Wirkungen zu entlocken. Dazu bekommen Sie im Folgenden einige Anregungen. Natürlich sind exegetische, systematisch-theologische und homiletische Besinnung wichtige Werkzeuge beim Predigtschreiben. Sie sollten aber vor allem die Funktion eines Filters übernehmen und Kriterien für die Sach- und Situationsgemäßheit Ihrer bisherigen Einfälle bereitstellen – sie kommen also zu einem späteren Zeitpunkt zu ihrem Recht.

3.1.1 Biblische Bilder variieren

Die Bibel ist voll von bildhaften Ausdrücken, Vergleichen, Gleichnissen und Ähnlichem – Bildworte, die, sofern sie etwas mit der eigenen Alltagswelt zu tun haben, unmittelbar eingängig und verständlich sind. Die Frage: »Was will uns Jesus mit diesem Wort sagen?« ist ein fast garantierter Stimmungskiller, weil sie dazu verführt, die sinnliche Bildsprache zu verlassen und in einen schulmeisterlichen Erklärmodus zu wechseln. Bildhafte Ausdrücke haben aber den Vorteil, dass sie, ganz ohne lähmende Erklärungen, die Fantasie in Gang setzen, innere Bilder entstehen lassen, die wiederum eine Eigendynamik entfalten und Handlungsimpulse freisetzen können.

---

110 Martin (2015), 11.

Das Bild vom Umschmieden von Schwertern zu Pflugscharen entstammt den endzeitlichen Heilsvisionen alttestamentlicher Propheten (Mi 4,3; Jes 2,4) und ist zum Motto der Friedensbewegung geworden: Gefährliche Waffen werden unschädlich gemacht und zu alltäglichem Handwerksgerät umfunktioniert. In dem Protestsong *Hurra, die Welt geht unter!* der Hip-Hop-Formation *K.I.Z.* taucht eine Variation dieses Themas auf:

> Seit wir Nestlé von den Felder jagten,
> schmecken Äpfel so wie Äpfel
> und Tomaten nach Tomaten,
> und wir kochen unser Essen
> in den Helmen der Soldaten.[111]

🖉 Schwerter zu Pflugscharen, Soldatenhelme zu Kochtöpfen, ... bestimmt fallen Ihnen noch weitere Beispiele ein! Wenn Sie ein paar Wortpaare beisammenhaben, fantasieren Sie ein bisschen: Wie sieht die Welt drum herum aus? Vielleicht haben Sie damit schon mehr als einen Grundstein für einen originellen friedenstheologischen Text gelegt.

3.1.2 Biblische Bilder ausmalen

Metaphern (und Allegorien) werden in der Bibel meist nur kurz angedeutet und lassen der Fantasie viel Raum. Wenn zum Beispiel Jesus sagt: »Ich bin das Brot des Lebens« (Joh 6,35) – was für ein Brot wäre das für mich? Kerniges Schwarzbrot, das lange satt macht und immer so kleine Körnerreste zwischen den Zähnen zurücklässt? Fladenbrot, das die Gedanken auf die Reise Richtung Orient schickt? Wer in Sachen »Brot« Inspiration braucht, kann sich den oft kopierten Text *Bread Pitt* von Lars Ruppelt zu Gemüte führen.[112]

Jesus sagt auch: »Ihr seid das Licht der Welt« (Mt 5,14). Während es in der Antike allenfalls rußige Öllampen gab, ist schon die Leuchtmittelabteilung eines vorstädtischen Baumarkts ziemlich groß. Was für ein Licht könnte ich, könnte die Kirche sein?

---

111 K.I.Z. mit Hennig May: »Hurra, die Welt geht unter«, Album: *Hurra, die Welt geht unter* (2015).
112 Abgedruckt in Anders (2006), 47 f. S. auch die *Brotpredigt* von Martin Nicol, in Nicol/Deeg (2013), 30.

Über Jahrhunderte hinweg hat sich die Kirche wie eine Notausgangsleuchte aufgeführt, die den Leuten sagte: Hier geht's lang, wenn es brennt! Oder wie diese Schwarzlichtleuchten, unter denen in angesagten Clubs unsichtbare Mitgliedsstempel entscheiden, wer reindarf und wer nicht, oder mit denen in Hotels die Bettlaken nach verdächtigen Flecken abgesucht wurden. Manchmal erscheint die Kirche wie eine Lichterkette zur Weihnachtszeit – sieht ganz hübsch aus, blinkt ein bisschen, aber taugt nicht viel zur Beleuchtung. Oder wie die gute, alte Glühbirne: Sie ist unwirtschaftlich, hoffnungslos altmodisch und spendet bei aller Energie, die reinfließt, maximal 2 % Licht, dafür aber 98 % Wärme. Manche Reformbestrebungen erinnern an die überstürzte Einführung der Sparbirnen: Sie erscheinen als das Gebot der Stunde, werden von oben diktiert, brauchen ewig, bis sie hell sind, spenden nur kaltes Licht und sind beim Zerbrechen umweltschädlicher als ihre Vorgängermodelle …

Schreiben Sie ein Ende dieses Textes. Als Zuhörer interessiert mich: Was für ein Licht wollen *Sie* sein?

3.1.3 Mit dem »weißen Feuer« zündeln

Im Judentum spricht man vom »schwarzen« und »weißen« Feuer eines biblischen Textes. Das schwarze Feuer meint die Tinte der Buchstaben, das weiße die Zwischenräume, in denen all das Ungesagte einer Geschichte steht. Es gibt eine Reihe von Methoden, die sich das zunutze zu machen, unter anderem der *Bibliolog*[113].

Ein großartiges Beispiel für den spielerischen Umgang mit Brüchen im Text bietet die rabbinische Auslegung der Geschichte von Jona, der auf der Flucht vor seinem prophetischen Auftrag von einem großen Fisch verschluckt wird. Im Hebräischen gibt es hier einen Anlass zur Spekulation: Am Anfang ist von einem männlichen Fisch *(dag)* die Rede, mittendrin wechselt das Geschlecht des Tieres, der Fisch ist auf einmal weiblich *(daga)*. Man kann das abtun als einen Schreibfehler, aber das war den mittelalterlichen Rabbinen zu einfach. Also dichteten sie der Geschichte etwas hinzu: Weil es Jona im geräumigen Magen des männlichen Fisches zu gut ging und er deswegen keinen Anlass zum Beten sah, schickte Gott ihm einen weiblichen Fisch, dessen Bauch voll glibberiger Eier und deswegen äußerst unbequem war und so die Fortsetzung der Reise nach Ninive als das kleinere Übel erscheinen ließ.[114]

---

113 Vgl. Pohl-Patalong (2013).
114 So Raba (1092–1167), vgl. Bob (2013), 32.

! Spielen Sie mit dieser Sequenz, fantasieren Sie: Wie ging es Jona im Bauch des (männlichen) Fisches? Wer begegnete ihm, welche verschlungenen Schätze fand er zwischen Kiemenspalten und Gaumensegel? Inspiration hierfür bietet z. B. der Disneyfilm *Pinocchio* (1940).

Sie müssen nicht im hebräischen Grundtext wühlen, um solche reizvollen Leerstellen zu entdecken, aufmerksames Lesen reicht oftmals auch. Die gezielte Suche nach Leerstellen kann dabei helfen, vermeintlich sattsam bekannten Texten neue Perspektiven abzuringen. Es gilt die alte hermeneutische Regel Ben Bag Bags: »Wende [die Tora] um und wende sie um, denn alles ist in ihr.«[115] Gerade bei häufig gepredigten Bibeltexten lohnt sich das. Die Weihnachtsgeschichte (Lk 2,1–20) zum Beispiel ist voller Leerstellen. Etwa dort, wo die Hirten den Stall betreten.

> Als Maria die Hirten sah, hatte sie sie im nächsten Moment wieder vergessen, denn in diesem nächsten Moment tat der Heiland aller Welt, der Wunder-Rat, Gott-Held, Ewig-Vater, Friedefürst etwas, das er in seinem kurzen Leben noch nie getan hatte: Er schürzte die Lippen und machte ein Bäuerchen. Und zum fast oder ziemlich genau 247. Mal in diesen wenigen Stunden krampfte sich Marias Herz vor Glück zusammen. Durch tränenverschleierte Augen sah sie ihn an, und die Stalllaterne hinter ihm verschwamm zu einem Heiligenschein.

> Als Maria die Hirten sah, hatte Josef sie schon längst gesehen und Holz gehackt und den Boden gefegt und mit einem prüfenden Blick zuerst den Ochsen, dann sein scharfes Messer angesehen, dann aber doch nur ein Schälchen mit Oliven auf den Tisch gestellt und leise gebrummt: »… und Friede auf Erden …«

> Als Maria die Hirten sah, waren sie über sie gebeugt, und ihre Gesichter strahlten, und sie redeten aufgeregt durcheinander, und zwischen den ganzen Oooh's und Hach's hörte Maria einzelne Worte heraus wie »Wunder«, »die ganze Welt«, »Engel«, »König«, und sie nickte zu jedem Einzelnen und wickelte es in Seidenpapier und legte es in eine Vitrine in einer noch ganz nach Neu riechenden Kammer in ihrem Herzen.

✎ Mit Gratulanten am Wochenbett ist es ja so eine Sache. Vielleicht kommt Ihnen die Szene ein wenig zu versöhnlich vor. Malen Sie sie selbst aus!

---

115 mAv 5,22, zit. n. Deeg (2011), 77.

Oder nehmen Sie die berühmte Geschichte von der Heilung des Gelähmten (Mk 2,1–12). Vom Kindergottesdienst beeinflusst, meinen wir automatisch, der Gelähmte würde von vier Freunden zu Jesus getragen – das steht aber gar nicht im Text. Außerdem scheinen noch viel mehr daran beteiligt gewesen zu sein.

Schreiben Sie eine kleine Vorgeschichte zu dieser Perikope, in der es darum geht, wie die hilfsbereiten Leute zu dem Gelähmten gekommen sind – und wie der das überhaupt fand.

3.1.4 Biblische Texte in die Gegenwart holen

Die Bibel ist der Klassiker der Weltliteratur. Ihre Texte, vor allem ihre Geschichten haben zu allen Zeiten Künstlerinnen und Künstler inspiriert, die grundlegenden Motive, Themen und Konflikte nachzuerzählen oder in ihre Zeit zu übersetzen: Thomas Mann hat die Josefsgeschichte ausgemalt, John Steinbeck in *Jenseits von Eden* die Geschichte von Kain und Abel in die USA des 19. und 20. Jahrhunderts übertragen.[116] Harry Potter ist nicht nur eine klassische Heldenreise, sondern auch eine christologische Metapher. Es geht auch kleiner: Susanne Niemeyer zum Beispiel hat viele biblische Figuren in Kurzgeschichten in die Gegenwart geholt.[117] Eine Kolumne von Sibylle Berg über postmoderne Esoterikreisende liest sich fast wie eine säkulare Neuauflage der Kultkritik alttestamentlicher Propheten (etwa Jes 58):

Ihr findet Euch furchtbar, und das zu Recht. Ihr predigt den Verzicht auf Materielles und setzt Euch in Flugzeuge, um nach Indien zu reisen und von der irren Spiritualität in diesem Land zu phantasieren. […] Haben Sie sich schon einmal überlegt, dass es vielleicht kein Ego gibt, das es zu überwinden gilt, sondern dass Sie einfach kein Arschloch mehr sein wollen? Gute Idee. Dann hören Sie auf, sich mit sich selber zu beschäftigen. Gehen Sie in Kontakt mit dem Astralleib. Der wohnt neben Ihnen, verkehrt in Ihrer Familie, Sie arbeiten mit ihm zusammen. Nehmen Sie jemanden wahr, der nicht Sie selber sind. Und der vielleicht nicht an sich arbeitet, weil er ein Problem hat. Vielleicht Krebs, oder Angst. Hören Sie ihm zu, versetzen Sie sich in ihn.[118]

---

116 Einen guten Überblick bietet Schöpflin (2011).
117 Niemeyer (2014).
118 S.P.O.N. v. 23.4.2011.

Reizvoll ist das natürlich bei besonders sperrigen biblischen Texten. Mit *Wundergeschichten* zum Beispiel geht man im abendländischen Christentum spätestens seit Rudolf Bultmann eher verkrampft um. Zwar gibt es spannende Neuansätze in der neutestamentlichen und ökumenisch-sozialgeschichtlich inspirierten Wissenschaft, es scheint aber noch zu dauern, bis diese auf deutschen Kanzeln angekommen sind. Besonders Exorzismen stehen unter dem (nicht ganz aus der Luft gegriffenen) Verdacht, psychisch Kranke zu stigmatisieren. Dabei zeigt der Blick in die Popkultur, dass dämonische Metaphern durchaus anschlussfähig sind an das Lebensgefühl postmoderner Menschen, insbesondere an Erfahrungen von chronischem Kontrollverlust:

Denn es steckt mit dir unter einer Haut,
Du weißt, es will raus ans Licht.
Die Käfigtür geht langsam auf, da zeigt es sich,
Das zweite Gesicht.[119]

Ich halt das nicht mehr lange aus,
Ich werf das gelbe Monster raus!
Es bohrt sich mitten in mein Herz
Und es fängt von vorne an,
dass ich gar nicht anders kann:
Der Neid verändert mein Gesicht –
das gelbe Monster bin ja ich!
Und es macht mich blind,
lässt mich böse sein,
macht mich zum Sklaven
meiner eigenen Gedankenwelt,
bis sie zusammenfällt
und mich nichts mehr hält.[120]

Ich kämpfe gegen die Dämonen,
sie sollen nicht bei mir wohnen, sondern gehen.
Sie durchbrechen die Kontrollen,
sie machen, was sie wollen,

---

119 Peter Fox: »Das zweite Gesicht.« Album: *Stadtaffe* (2008)
120 Rosenstolz: »Das gelbe Monster.« Album: *Herz* (2004).

sie verdrehen [...]
Sie durchkreuzen die Gedanken,
bis man die letzten Schranken vergisst [...]
Sie halten mich ganz klein
und verstecken bei mir Wein
und Nikotin.
Ich will nichts mehr davon finden
Sie sollen sofort verschwinden
und mich nicht stören.
Ich wünsch sie auf der Stelle in der Hölle,
wo sie hingehören.[121]

Gemeinsam ist diesen Beispielen popkultureller Dämonologie, dass es am Ende zu keiner Lösung kommt – der Exorzist fehlt, eine Austreibung steht damit nicht zur Verfügung. Hier kann die Predigt eine Leerstelle in der populären Kultur füllen.

Was ist der Dämon, der Ihnen am meisten zusetzt? Wenn Sie Inspiration brauchen, können die geistlichen Bestiarien der Wüstenväter oder einschlägige biblische Geschichten helfen. Beschreiben Sie Ihren Dämon möglichst genau (ist er etwa tages- oder nachtaktiv?), geben Sie ihm (oder ihr) einen Namen. Orientieren Sie sich entweder an der Sprache zoologischer Lexika, oder beschreiben Sie sein Wirken stärker szenisch, verwenden Sie dabei Alliterationen, Assonanzen, Binnenreime und/ oder rhythmische Stilmittel, um sein Wirken zu illustrieren. Verwenden Sie dann etwas Zeit auf die Frage: Wo gelingt es, die Dämonen zum Schweigen zu bringen?

3.1.5 Die Vielfalt biblischer Textsorten ernst nehmen

Gleichnis, Legende, Drohwort, Briefschluss, Klagelied, Liebesgedicht, Sprichwort, Rachepsalm, Novelle, Itinerar, Dankgebet, Lasterkatalog, Haustafel, Siegeslied, Pep-Talk, Satire, Stammbaum, Meditation, Predigt, Erzählung, Loblied, Fan-Fiction, Gebrauchsanweisung, Ätiologie, Gesetzbuch, Teilnehmerliste, Reisebericht, Wundergeschichte, ...

---

121 Ich + Ich: »Dämonen.« Album: *Vom selben Stern* (2007).

Es ist schier unmöglich, alle in der Bibel vorkommenden Textsorten oder -gattungen aufzuführen. Viele davon haben einen bestimmten Sitz im Leben, alle haben Einfluss auf das, was geschrieben wird und wie es geschrieben wird. In so gut wie jeder Predigt wird ein biblischer Text in eine andere Textsorte überführt – meist in eine Art Erörterung. Dabei gibt es viele andere Möglichkeiten.

✎ Nehmen Sie einen biblischen Text Ihrer Wahl. Überführen Sie ihn in eine andere Textsorte. Machen Sie eine Erzählung aus Ps 1, eine Satire aus den Seligpreisungen (Lk 6,20-23; Mt 5,1-12) oder einen Reisebericht aus Ps 23.

3.1.6 Begegnung mit dem Buch

Leseglück wird in der Regel als wunderbare Entdeckung einer fremden Welt beschrieben. Die unscheinbaren schwarzen Buchstaben auf weißem Grund haben etwas, was man ihnen nicht unmittelbar ansieht, nämlich die magische Kraft eines fliegenden Teppichs, der den Leser und die Leserin in ein anderes Reich entführt.[122]

Es gibt eine ganze Reihe von Geschichten, in denen es um die Begegnung mit oder in Büchern, um das Durchbrechen der literarischen »Vierten Wand« zwischen Lesenden und Geschriebenem geht: Harry Potter *(Die Kammer des Schreckens)*, Bastian Bux *(Die unendliche Geschichte)* und Meggie Folchart *(Tintenherz)* erleben, wie die Grenzen zwischen realer und literarischer Welt verschwimmen, Hildegunst von Mythenmetz muss sich sogar mit gefährlichen Büchern rumschlagen *(Die Stadt der träumenden Bücher)*. Apropos »gefährlich« – im Belletristikboom des späten 18. Jahrhunderts warnten besorgte Zeitgenossen vor den Risiken des Lesens: Dies führe zu

Schlaffheit, Verschleimung, Blähungen und Verstopfung in den Eingeweiden […], Stockungen und Verderbnis im Bluthe, reitzende[n] Schärfen und Abspannung im Nervensysteme, Siechheit und Weichlichkeit im ganzen Körper.[123]

✎ Schreiben Sie eine Warnung vor dem Bibellesen. Gern wortreich und eindringlich. Wenn Sie sich an den medizinischen Argumentationen der

---

122 Assmann (2010), 389.
123 Bauer (1791), 190.

Lesewarnungen des 18. Jahrhunderts orientieren, finden Sie in der Bibel selbst einiges an Anregungen, was die körperlichen Folgen angeht. Aber auch die Bibelleseverbote der (nicht nur) vorreformatorischen Kirche geben einiges her.

Erzählungen über identitätsstiftende Begegnungen mit dem Wort gehören zum festen jüdisch-christlichen Traditionsbestand: Der Psalter beginnt mit einem Lob aufs Lesen (Ps 1), 1Kön 22 erzählt vom Wiederfinden der Tora, bei Ezechiel geht das Lesen buchstäblich durch den Magen (Ez 3,1–3), das Neue Testament schildert Lektüregemeinschaften (Lk 2,41 ff.; Apg 8,26–39), im Hebräerbrief wird die Begegnung mit dem Wort als medizinischer Vorgang beschrieben (Hebr 4,12 f.) – und nach Johannes wird das Wort selbst Fleisch (Joh 1,14). Für Augustin führte eine Leseerfahrung zur entscheidenden Gottesbegegnung (»tolle, lege«), ähnliche Überlieferungen gibt es von Antonius. Luthers reformatorischer Durchbruch soll sich der Legende nach bei der biblischen Klolektüre ereignet haben.

Kurzum, durch die Gebrauchsgeschichte der Bibel ziehen sich Erfahrungen davon, dass das Buch der Bücher wie die »Axt für das gefrorene Meer in uns« sein kann (Franz Kafka). In der modernen Hermeneutik gibt es entsprechende Ansätze, die von einer beide Seiten transformierenden Begegnung zwischen Text und Leserin ausgehen, da »jeder Akt des Bibellesens ein doppelter Auslegungsvorgang ist: In ihm wird nicht etwa nur der Text durch den Leser ausgelegt, sondern auch umgekehrt der Leser durch den Text.«[124]

! Kafkas Bild von der Axt für das gefrorene Meer in uns ist stark. Suchen Sie nach ähnlichen Metaphern für die Wirkung eines (biblischen) Textes.

In gegenwärtigen Predigten scheinen Leseerfahrungen und Textbegegnungen, vom oft sehr langweiligen Lamentieren über sperrige Perikopen abgesehen[125], keine große Rolle zu spielen. Man kann darüber spekulieren, warum das so ist. Vielleicht liegt es daran, dass Bibelstellen von Fundamentalisten als Wurfgeschosse missbraucht

---

124 Körtner (1994), 84.
125 Vgl. Engemann (2011), 155 ff., zur »Kultur der Problematisierung«.

werden. Oder doch daran, dass die Bibel für unsere Theologie und Frömmigkeit nicht den großen Stellenwert hat, den sie nach allseitigem Bekunden angeblich haben sollte? Warum auch immer, es ist Zeit, daran etwas zu ändern.

🖉 Sammeln Sie Bibelworte oder -texte, die Sie ins Mark getroffen haben, die Sie oder für Sie etwas verändert haben. Wählen Sie ein Beispiel aus und schreiben Sie einen Text darüber. Benutzen Sie, wo es passt, Ihre Ergebnisse der vorangegangenen Übungen.

Gab es in früheren Zeiten Lesewarnungen, so haben seit einigen Jahrzehnten, spätestens seit Erich Kästners *Lyrischer Hausapotheke*, regelrechte Leseempfehlungen Hochkonjunktur.

🖉 Schreiben Sie einen Text mit dem Titel »Biblische Hausapotheke«: Sammeln Sie Bibelstellen, die Sie bei bestimmten Leiden und Wehwehchen empfehlen. Haben Sie dabei keine Angst vor Humor und Ironie.

Einige Vorschläge für Schreibexerzitien von Hans-Josef Ortheil[126] lassen sich auf den Umgang mit der Bibel übertragen. Er empfiehlt, um die Angst vor dem leeren Blatt zu überwinden, einfach bekannte Texte *abzuschreiben/zu transkribieren* und dabei zu erleben, »wie wir uns mit unserem Abschreiben in einen fremden Text hineinbewegen, der im idealen Fall […] immer mehr zu unserem eigenen wird.«[127]

🖉 Machen Sie für einen Monat eine Morgenroutine aus dem Bibelabschreiben. Suchen Sie sich ein biblisches Buch aus, an dem Sie arbeiten wollen. Schreiben Sie jeden Morgen ein Kapitel daraus ab – handschriftlich natürlich. Wenn Sie das ein paarmal gemacht haben und sicherer werden – achten Sie darauf, ob eine Passage, eine Szene etwas in Ihnen zum Klingen bringt. Schreiben Sie dann einfach das weiter auf, was Ihnen in den Sinn kommt. Ortheil spricht hier sehr tiefgründig davon, zu einem »Jünger« des Textes zu werden …

---

126 Ortheil (2017), 40–49.
127 Ortheil (2017), 43.

Die Bibel

Es gibt sie ja noch, diese alten Bibeln, vielleicht Studienausgaben mit breitem Schreibrand, die Spuren eines langen Leselebens in sich tragen: Markierte Passagen, vielleicht sogar verschiedenfarbig, Unterstreichungen im Text, Notizen am Rand.

Wenn Sie, vielleicht noch aus Studienzeiten, so eine Bibel besitzen, holen Sie sie heraus. Blättern Sie darin herum, und schreiben Sie darüber. Wohlgemerkt: Zuerst einmal geht es um das konkrete Buch, nicht, zumindest nicht primär, um »die Bibel an sich« (auch, wenn sich die Themen vielleicht vermischen): Wo ist das Buch gewesen, welche Stelle ist Ihnen zu welcher Gelegenheit aufgefallen? Mit der Zeit entstehen, ganz außerhalb der Perikopenordnung, kleine Textembryonen, die zu Andachten oder ganzen Predigten heranwachsen können. Das geht übrigens auch gut für Trauerpredigten, wenn Sie eine eifrige Bibelleserin zu beerdigen haben.

Das Kommentieren eines fremden Textes nennt Ortheil *angelehntes Schreiben*. Mit der Zeit und etwas Übung wird es ausführlicher und zum Ergebnis eigener kreativer Leistung in Auseinandersetzung mit den fremden Worten.

Suchen Sie sich, wieder für einen Monat, ein biblisches Buch aus. Lesen Sie jeden Mittag oder Abend einen Abschnitt daraus – und kommentieren Sie nach Herzenslust. Beschreiben Sie entweder den Rand oder nehmen Sie Blätter, die hinterher in die Bibel eingelegt werden können. Oder verbinden Sie das Ganze mit Tagebuchaufzeichnungen. So entstehen mit der Zeit Querverbindungen zwischen Alltagsleben und biblischen Texten. In der etwas kleineren Variante geht das auch mit den Herrnhuter Losungen.

Mit der eben schon gestreiften und in den Übungen unweigerlich stattfindenden Hermeneutik ist der Schritt zur Wirkungsgeschichte der Bibel gemacht, im nächsten Abschnitt geht es um Dogmatik, also den Versuch, die Inhalte des Glaubens systematisch zu durchdringen und anzuordnen. Vorher aber noch ein paar unsortierte Schreibanregungen.

3.1.7 Biblische Schreibanregungen

- Beschreiben Sie Ninive vor der Ankunft des Propheten in all seiner boshaft-urbanen Pracht. (Jon 1,2; 3,3 f.)
- Wonach riecht der Atem des Auferstandenen (Joh 20,22)?
- Was hat der »Verlorene Sohn« eigentlich mit seinem Geld angestellt? Und wie war das, als er wusste: Es geht so nicht weiter (Lk 15,11–32)?
- Was wollte Lots Frau sehen, als sie sich umdrehte (Gen 19,26)?
- Wie lautete der Originaltext von »Die Hirschkuh, die am Morgen gejagt wird« (Ps 22,1)?
- Was macht die Frau mit dem verlorenen Groschen (Lk 15,9)?
- Wie schmeckt das Wasser des Lebens (Offb 22,17b)?
- Wie entwickelt sich die zarte Romanze, die zum Kuss zwischen Frieden und Gerechtigkeit führt – und mit wem hatten die beiden vorher schon blöde One-Night-Stands (Ps 85,10)?
- Schreiben Sie den inneren Monolog eines Jüngers beim letzten Abendmahl (Mt 26,17–25). Beginnen Sie mit »Herr, bin ich's?!«
- Wie sieht der Arbeitsalltag des »Wunderplaners« oder »Friedensfürsten« aus (Jes 9,5)?
- Was malt Jesus in den Sand (Joh 8,6b)?
- Kommentieren Sie Jakobs Kampf am Jabboq im Stil eines Sportreporters (Gen 32,25 f.).
- Wie sieht das Spiel zwischen Gott und dem Leviathan aus (Ps 104,26)?

3.2 Theologie- und Kirchengeschichte

Die Theologiegeschichte ist voll von extrem spannenden Gedankenleistungen, die es nicht verdient haben, als kraftlose Glasperlenspiele auf den Müllhaufen der Geistesgeschichte geworfen zu werden. Allein schon die (wahrscheinlich nur böswillig unterstellte) scholastische Frage, wie viele Engel wohl auf eine Nadelspitze passen, lässt die Fantasie Luftsprünge machen – immerhin hat Christian Morgenstern ihr ein dichterisches Denkmal gesetzt *(Scholastikerprobleme)*.

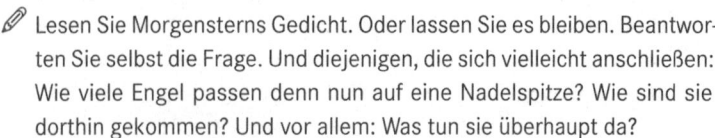
Lesen Sie Morgensterns Gedicht. Oder lassen Sie es bleiben. Beantworten Sie selbst die Frage. Und diejenigen, die sich vielleicht anschließen: Wie viele Engel passen denn nun auf eine Nadelspitze? Wie sind sie dorthin gekommen? Und vor allem: Was tun sie überhaupt da?

Tiefsinnige Probleme der Theologiegeschichte klingen auch in vielen guten Witzen an, etwa die katholischerseits dogmatisierte Lehre von der Sündlosigkeit Mariens:

> Jesus trifft [...] die Ehebrecherin, die er vor der Volkswut rettet. »Wer ohne Schuld ist«, sagt er gerade, »werfe den ersten Stein.« Daraufhin bleibt die Menge stumm und untätig, nur aus einer Richtung fliegt ein Stein. Jesus schaut auf die Stelle, von wo der Stein geworfen wurde, und sagt dann: »Mutter, du nervst!«[128]

Die folgenden Textbeispiele nehmen ihren Ausgangspunkt an irgendeiner Station der Theologiegeschichte. Die kreative Verwertung von dogmatischen Loci setzt natürlich voraus, dass man ihnen irgendein konstruktives Potenzial zutraut, und sei es ein komisches.

Lesen Sie mal wieder etwas Systematisch-Theologisches. Entweder eine Gesamtdarstellung (gerne älteren Datums) oder wenigstens ein paar Aufsätze, die die gegenwärtige Diskussion zusammenfassen. Notieren Sie sich diejenigen Themen, denen Sie etwas zutrauen – oder die Sie besonders ärgern.

3.2.1 Immanente Trinität

Reiches Material bietet die in der Theologie erst in den letzten Jahrzehnten wiederentdeckte Lehre von der *immanenten Trinität*[129], also dem Verhältnis der drei Personen der Trinität untereinander. Wie sieht eine Dienstbesprechung von Vater, Sohn und Heiligem Geist oder der Alltag in dieser transzendenten Dreier-WG aus? Das von Gregor von Nazianz (gest. 390) hierfür in die Theologiegeschichte eingebrachte Stichwort der *Perichorese,* also einer gegenseitigen Durchdringung ohne vollständige Verschmelzung, ist in den letzten Jahren als *göttlicher Tanz* beschrieben worden. Was würden wir wohl zu sehen und zu hören bekommen, wenn wir einen Blick in die himmlische Tanzstunde werfen könnten? Wer

---

128 Zitiert (in einer nicht einmal besonders mitreißend erzählten Version) nach Karasek (2011), 137 f. Vgl. zum Theologieschatz des jüdischen Humors v. a. Berger (1998), bes. 103–114.
129 Vgl. Link-Wieczorek (2005).

führt eigentlich, und wer tritt wem auf die Füße? Tanzen sie einen Walzer oder einen Tango, und wer entscheidet über die Musik, die gespielt wird?

! Hören Sie sich einige typische Tanzmusiken an (Tango, Wiener Walzer, Cha-Cha-Cha, Hip-Hop, Salsa, orientalische Bauchtanzmusik, …). Bleiben Sie bei derjenigen, die Sie im Moment am meisten anspricht. Notieren Sie den Rhythmus, machen Sie ihn mit Klatschen, Schnipsen oder Stampfen nach, bis er Ihnen förmlich ins Blut geht. Schreiben Sie ein paar Sätze über Vater, Sohn oder Heiligen Geist, versuchen Sie dabei, den Rhythmus sprachlich nachzuahmen.

Zu den alt- und zwischentestamentlichen Figuren, in denen Menschen Gott am Werk sahen, gehört die personifizierte *Frau Weisheit* (Sophia; vgl. Spr 8,22–30; Weish 7,21 f.). Als präexistente Größe hätte sie durchaus Potenzial gehabt, in die trinitarische Familie aufgenommen zu werden, in der Ostkirche und in westlicher feministischer Theologie spielt sie bis heute eine gewichtige Rolle, in der Westkirche wurden zentrale Aussagen über sie auf Christus bezogen.

! Stellen Sie sich den Prozess der trinitarischen Theoriebildung als Castingshow vor. Warum ist Sophia bei der Jury durchgefallen? Oder wie sähe das Leben in der innertrinitarischen WG aus, wenn eine Person eindeutig weiblich wäre?

3.2.2 Solus Christus/Sola Gratia

Die Reformatoren machten gegen die Käuflichkeit der Gnade Gottes ihre Unverfügbarkeit stark. Statt auf kirchliche Heilsversprechen und menschliche Anstrengungen sollen die Glaubenden sich allein auf Christus, allein auf Gottes Gnade verlassen.

Es ist später Abend. Beißend kalter Wind schneidet durch Luft, Kleider und Glieder, schießt nadelspitze Regentropfen in jeden Winkel. Autos rasen vorbei, ein Lichtkegel, quietschende Reifen, eine Pfütze springt mir entgegen, klammert sich an mir fest, läuft mir langsam die Beine hinunter. Ein schwarzer Spalt zwischen zwei Häusern, eine kleine Gasse, ohne Namen, ohne Straßenlaternen. Ein kurzes Zögern, den Kragen hochgeschlagen, dann ein paar schnelle Schritte. Um die scharfkantige Ecke, um abgeblätterten Putz und verwaschenes Graffiti herum, hinein in das Dunkel der Gasse. Dann, endlich, das Haus. Unscheinbar, abgeklebte Fensterscheiben, weißblau flackernde Leuchtschrift, elektrisches Summen in unruhigen Intervallen. H... bsss... I... bss... M... und aus. Zwischen umgestürzten Mülltonnen eine Treppe, ein paar Stufen hoch. Glitschig, schwarzer Asphalt, steil. Mein Atem ein paar Stöße weißer Wolken. Eine schwere Eisentür, eine schwarze, glatte Wand. Der Wind sticht in den Augen. Wo ist die Klingel? Ich hebe den nassen, schweren Arm, poche leise, noch einmal, härter. Steif gefrorene Fingerknöchel zerspringen am kalten Metall, rutschen ab, noch einmal. Nichts. »Ähm«, mache ich. Nichts. »Meine Freunde sind schon drin«, versuche ich, etwas lauter, etwas schneller, damit der Wind meine Worte nicht auf halbem Weg packen und wegreißen kann. Nichts. »Verstehen Sie mich? Do you understand me? Ich muss da rein.« Nichts. Ich mache kurz die Augen zu, atme tief ein, hinter der Tür höre ich leise Musik und Lachen. Ich will rein. Baue mich auf, ziehe mich hoch, mache meine Stimme tief und erwachsen: »Ich kenne den Chef. Ihr lasst mich besser rein.« Zücke mein Handy und halte es hoch, falls mich irgendjemand durch eine Kamera beobachtet. »Ich kann auch anrufen«, drohe ich, »dann wird es ungemütlich!« Nichts. Stecke das Handy in die Tasche, hole einen Schein raus. »Okay«, lenke ich ein. »Wie viel?« Nichts. Gebe mich loyal. »Da kann man doch irgendwas machen. Hey, komm, ich bin wer weiß wie lange durch den Regen gelaufen ... Ich will einfach nur rein, ein bisschen Spaß haben, ich mach bestimmt keinen Ärger.« Nichts. Lautes Lachen von drinnen, Musik, dann wieder von der Straße quietschende Reifen. Ich schlage mit den Armen aus, lache gekünstelt. »Sesam, öffne dich«, rufe ich halb im Scherz, halb verzweifelt. »Komm jetzt, ich unterschreibe auch eure Mitgliedskarte oder was auch immer ich tun muss.« Nichts. Regen fällt mir auf den Kopf, macht ihn schwer, tropft runter auf meine Schultern, zieht sie nach unten, nimmt mich mit. Ich lasse mich auf die Stufe fallen, kalter, harter Beton. Über meine Schulter hinweg gucke ich zur Tür. »Ist egal, was ich tue, oder?«, frage ich leise vor mich hin. »Ich kann Männchen machen, soviel ich will, das bringt mich nicht rein, oder?« Drehe mich weg, stehe langsam auf, mein Fuß tastet nach der nächst tieferen Treppenstufe. »Nein.«, sagt eine Stimme hinter mir. Eigentlich gar nicht unsympathisch, aber das ist jetzt auch egal. Mein Fuß sackt auf die nächste Stufe. Eine Hand berührt mich an der Schulter. Langsam drehe ich mich um. Eine Gestalt ist aus der Tür herausgetreten, steht mit mir im Regen, im Wind, in der Kälte. Hinter ihm, der Türrahmen und was dahinter ist, ein leuchtendes, goldenes Viereck, Wärme flutet ins Nasse, streichelt mir das Gesicht, Lachen, Musik, Gesprächsfetzen flattern aus der Tür und tanzen um meinen Kopf. »Die Tür geht nur von innen auf«, erklärt er, fast entschuldigend. »Aber ist jetzt auch egal. Kommst du?« Er hält mir die Hand hin. Für einen kurzen Moment zögere ich, sehe ich einen Fleck in seiner Handfläche, wie eine Narbe, dann legt sich meine Hand in seine. Seite an Seite gehen wir zur Tür, ich bleibe kurz stehen, sehe Gestalten innen drin, fröhlich, sauber, edel, strahlend und gucke meine nassen Jeans hinunter auf meine matschigen Schuhe. »Handtücher gibt's drinnen«, sagt er und nickt mir zu: »Wenn einer fragt, sag einfach, du gehörst zu mir«, sagt er und zieht mich über die Schwelle rein ins Warme.

! »Was nichts kostet, ist nichts!« Obwohl wir gern von einem Wühltisch zum nächsten rennen, sind vielen Menschen Gratisangebote suspekt. Stellen Sie sich die Botschaft von der freien Gnade Gottes auf einem Marktplatz der Religionen und Weltanschauungen vor. Welche Marktschreier begegnen Ihnen, was sind ihre Slogans, wo ist oder was tut Jesus oder ein Vertreter des Christentums in dieser Szene?

3.2.3 Munus triplex Christi

Die reformierte Dogmatik kennt die Lehre vom *dreifachen Amt (munus triplex) Christi* als König, Hohepriester und Prophet. Ein Kerngedanke des hohepriesterlichen Amtes Christi liegt darin, dass er »uns alle Zeit mit seiner Fürbitte vor dem Vater vertritt«[130], also Gott für uns ständig in den Ohren liegt. Darum geht es in dem folgenden Text, dessen Grundidee von der türkischen Schriftstellerin Sema Kaygusuz und ihrem 2006 erschienenen Roman *Düşen Yere Dualar* stammt – wörtlich übersetzt: »Gebete, die zu Boden fallen«.

Gebete, die zu Boden fallen.
Wie ein Vogeljunges aus dem Nest
Nackt,
unfertig
und klein.
Auf hartem Asphalt,
zwischen Glas und Steinen.
Doch der im Himmel wohnt,
geht gebückt über die Erde.
Kniet nieder.
Er hebt sie auf, birgt sie in seiner Hand.
Bläst sie trocken mit warmem Atem.
Er wirft sie in die Höhe,
lässt sie fliegen.
Ein Windhauch, wie aus dem Nirgendwo,
ein sanftes, stilles Sausen
trägt sie hinauf. Höher und höher
über alle Wolken.
Große Gesänge,

---

130 Heidelberger Katechismus, Frage – Antwort 31.

wie Schwäne aus Weiß und Gold,
geben ihnen Geleit.

Schreiben Sie ein paar Strophen mit Beispielen von Gebeten, die zu
Boden fallen.

3.2.4 Descensus ad inferos

»Hinabgestiegen in das Reich des Todes« – diese Zeile aus dem Apostolischen Glaubensbekenntnis, in der eine kurzgefasste Antwort darauf gegeben wird, was Jesus eigentlich zwischen Tod und Auferstehung gemacht hat, hat in der Ostkirche und im englischen Mysterienspektakel (als *Harrowing of Hell*) weit mehr Resonanz hervorgerufen als in der abendländischen Theologie.[131] Schade eigentlich, denn abgesehen vom seelsorgerlichen Potenzial einer postmortalen Bekehrungsmöglichkeit liegt hier großartiger Komödienstoff vor. Das wusste man noch im 6. Jahrhundert, als dem apokryphen Nikodemusevangelium ein dritter Teil hinzugefügt wurde, in dem genau dieser Vorgang mit großer Fabulierlust beschrieben wird. In aller Kürze zusammengefasst: Während Satan und Hades sich streiten, befreit Jesus klammheimlich die versammelte alttestamentliche Prominenz.

Die Darstellung des erlösenden Kreuzestodes Jesu als kosmisches Drama (oder Komödie) eröffnet Wege zu einer unverbrauchten Sprache und spannenden Osterpredigten. Eine Möglichkeit bietet das Modell der Heldenreise (s. Kap. 2.7), spätestens ab der Gethsemaneszene (Mt 26,36ff. par) lässt sich der Weg Jesu als eine solche beschreiben. Der *Endkampf* wäre dann im erzählerischen Vakuum nach dem Tod am Kreuz zu verorten – in der Auslegungstradition wird diese Leerstelle mit Dogmatik gefüllt. Oder eben mit der Darstellung des Descensus.

Schreiben Sie einen Text über die Bedeutung des Kreuzestodes Jesu, bedienen Sie sich dabei des Genres der Heldenreise. Folgen Sie auf das Strengste dem erzählerischen Grundsatz *show, don't tell:* Alles, was wichtig ist, müssen Sie Ihren Zuhörern oder Leserinnen zeigen, statt es zu behaupten.

---

131 Eine bilderreiche Fundgrube bietet Herzog (2006).

Wenn wir schon bei der Kreuzigung sind: Die Evangelien berichten übereinstimmend von meteorologischen und übernatürlichen Phänomenen im unmittelbaren Anschluss rund um den Tod Jesu: eine totale Sonnenfinsternis, Erdbeben und zerbrechende Felsen, das Zerreißen des Tempelvorhangs und die Auferstehung von Toten. Die Evangelisten benutzen hier traditionelles Erzählmaterial – extreme Wetterlagen wurden schon früher vom göttlichen Stimmungsbarometer her interpretiert.

> Versuchen Sie, eine biblische Geschichte Ihrer Wahl allein durch die Schilderung von Natur, Umwelt und Wetter zu erzählen. Oder allein durch die verbalen oder nonverbalen Reaktionen der Zuschauer (ohne dass diese freilich erzählen, was passiert). Möglich ist auch ein Nacherzählen anhand von Gerüchen, etwa bei der Geschichte vom Verlorenen Sohn (Lk 15,11–32) oder der Salbung in Bethanien (Mt 26,6–13 par).[132]

3.2.5 Es luthert!

Ein »Gott« heißt etwas, von dem man alles Gute erhoffen und zu dem man in allen Nöten seine Zuflucht nehmen soll. »Einen Gott haben« heißt also nichts anderes, als ihm von Herzen vertrauen und glauben [...]. Woran du nun, sage ich, dein Herz hängst und [worauf du dich] verlässest, das ist eigentlich dein Gott.[133]

Soweit und so klar Luthers Auslegung des nach seiner Zählung ersten Gebots (Ex 20,3), die zur Illustration und Konkretion förmlich einlädt. Luther selbst nennt unter anderem den Mammon, Klugheit, Beliebtheit, Hexen und Zauberer und natürlich die katholischen Heiligen, es dürfte aber so viele verschiedene Götter wie Menschen geben.

> Legen Sie ein Abecedarium der Abgötter an. Wenn Sie eine ansehnliche Liste beisammenhaben, wählen Sie einen aus. Widmen Sie ihm einen Text. Zum Beispiel im malerischen Stil älterer Volkskunde, indem Sie Grundzüge der entsprechenden Theologie und vor allem den Kultus der Gläubigen beschreiben.

---

132 In der Grafik entspricht das der *Negativzeichnung,* bei der das eigentliche Thema ungezeichnet bleibt und nur durch den *negative space,* also das Drumherum, erschlossen werden kann.

133 BSLK 560, 10 ff.

Oder wählen Sie mehrere aus und verfassen Sie ein lyrisches Panoptikum der Moderne, orientieren Sie sich dabei an der Form von Friedrich Schillers *Die Götter Griechenlands,* verwenden Sie also Strophen zu je acht Zeilen mit fünf- und (in der jeweils letzten Zeile) vierhebigen Trochäen und Kreuzreimen. Überlegen Sie sich, wie Ihr Gedicht enden soll.

Wo wir gerade bei Luther sind: Das Reformationsjubiläum 2017 hat einigen Anlass zur Kritik geboten, auch auf zahlreichen Slam-Bühnen wurden bissige Jubiläumsverrisse gefeiert. Im Zentrum der Kritik standen oft der Personenkult um Luther und das Auftauchen zahlreicher Merchandising-Artikel von zum Teil haarsträubender Banalität. In Mansfeld, Wittenberg und Umgebung gab es zwar schon vor 2017 *Lutherbrot, Luther's Modestübchen* und natürlich *Lutherbier;* die *Luthersocken, Luthertomaten, Luther-Einkaufswagenchips, Luther-Badeenten* und natürlich der *Playmobil-Luther* (der eher wie Luthers Wegbegleiter Georg Spalatin aussieht) waren hingegen neu.

Schreiben Sie einen Text, der ausschließlich aus der Aneinanderreihung von Luther-Devotionalien besteht. Bedienen Sie sich bei denen, die es schon gibt, und erfinden Sie einige hinzu. Reime auf bereits bekannte Komposita mit *Butter, Futter* und *Mutter* funktionieren immer. Ordnen Sie die Begriffe so, dass sich eine Dramaturgie ergibt. Vielleicht lässt sich eine zeitliche Entwicklung der Luther-Fanszene nachzeichnen, vielleicht lassen Sie die Begriffe immer abstruser werden und erzählen so, was gut protestantisch wäre, eine Verfallsgeschichte. Höchstens der allerletzte Satz darf frei formuliert sein.[134]

Wirklich neu ist solcher Personenkult nicht, schon Luther selbst sagte zu Lebzeiten bei Tisch: »Wie käme denn ich armer, stinkender Madensack dazu, daß man die Kinder Christi dürfte nach mei-

---

134 Das, was hier entsteht, nennt man ein *Listengedicht,* eine Form, die im Poetry-Slam gern genutzt wird (vgl. Orphal, 117). Die zumindest in der Reinform fehlende Möglichkeit der Kommentierung und Deutung setzt einiges Vertrauen in die Begriffe oder Bilder, die hier aneinandergereiht werden, voraus, die formale Eintönigkeit fordert eine durchdachte Performance.

nem nichtswürdigen Namen nennen? So nicht, liebe Freunde!«[135] 1707 ließ die Eislebener Geistlichkeit Luthers Sterbebett verbrennen, weil sich ein wahrer Reliquienkult entwickelt hatte und Protestanten in ökumenischer Unbekümmertheit Splitter aus dem Bett brachen, die angeblich gegen Zahnschmerzen halfen.

! Welche anderen »protestantischen Reliquien« fallen Ihnen ein? Und welche Wirkungen könnte man ihnen zuschreiben?

3.2.6 What would Jesus do?

Eine klassische Frage – was würde Jesus zu dem sagen, was wir heute in seinem Namen veranstalten? In Predigten endet die Antwort meist mit einer versöhnlichen Note: Er würde das schon alles sehr okay finden. Das kann ja durchaus sein, aber man vergibt großartige Chancen für kritisches Potenzial.

Wenn dich jemand fragt: Was würde Jesus tun?, dann denk dran: Rumbrüllen und Tische umschmeißen liegt im Bereich des Möglichen.[136]

Das folgende Beispiel, eine Weihnachtspredigt aus dem Jahr 2016, macht versuchsweise einmal ernst mit dem in Gottesdiensten und Tischgebeten beliebten Ausruf: »Komm, Jesus.« Entscheidende Impulse hierfür kamen einerseits von der schwedischen Theologin Maria Ottensten, andererseits von Hanns Dieter Hüsch.

Nach dem Gottesdienst ist er plötzlich da. Sitzt an meinem Küchentisch. »Friede sei mit dir«, sagt er fröhlich, als ich durch die Tür gerauscht komme und erstmal meinen Schlüsselbund fallen lasse. Wahrscheinlich sollte man in so einer Situation etwas Weihevolles wie »Und mit deinem Geist« sagen und freudig denken: »Der Heiland ist bei mir eingekehrt!« Ich denke daran, dass ich die Brotkrümel vom Frühstück noch nicht weggefegt habe und auf dem Tisch noch eine halbleere Kanne Tee steht. Und sage sowas wie: »Du hier?!« – »Klar«, nickt er, »ihr habt doch so laut gesungen. Macht hoch die Tür und so, da dachte ich, ich schau mal vorbei.« Ich mache »Hmhm« und überlege fieberhaft, was man ihm denn anbieten könnte. Er scheint meine Gedanken zu erraten, tut es wahrscheinlich auch, weist mit der Hand auf den Stuhl ihm gegenüber und sagt großzügig: »Mach dir keine Sorgen und Mühe. Komm, setz dich!« Etwas unschlüssig nehme ich Platz, bin plötzlich Gast in meiner eigenen Küche. »Na«, fragt er auf-

---

135 WA TR IV, 524 f.
136 Internet-Meme im Anschluss an die Tempelräumung.

gekratzt, »wie geht es dir denn so?« »Gut«, sage ich, wie man das halt immer sagt. »Mhm«, macht er, wenig überzeugt. Legt den Kopf schief. Malt mit dem Finger in den Brotkrümeln rum. Sagt nichts. Und irgendwie fange ich doch an zu erzählen. Höre irgendwann gar nicht mehr auf. Was ich an Tollem erlebe. Ein bisschen auch, was ich Tolles vorhabe, wie man das halt macht, wenn einem der Chef begegnet. Er hört aufmerksam zu, nickt zwischendurch aufmunternd. Als mein Redeschwall verebbt, guckt er immer noch. »Und bei dir so?«, frage ich. Er schüttelt lächelnd den Kopf. »Der Menschensohn ist nicht gekommen, sich zuhören zu lassen, sondern um zuzuhören. Echt alles gut?« »Nein«, sage ich leise. Und auf einmal geht es los. Ich fange an zu erzählen, über das, was schwer ist. Er ist gut, lässt mich ausreden, macht an den richtigen Stellen »Hmhm« und »Oh« und so. Und ich hole immer weiter aus, irgendwann erzähle ich sogar, warum auch immer, von der dicken Laura aus der Parallelklasse, damals, in der Grundschule, die keine Eltern mehr hatte und immer von ihrer Oma bis zur Klassentür gebracht und wieder von dort abgeholt wurde. Wir fanden sie doof, sind manchmal auf dem Nachhauseweg hinter ihnen hergelaufen. Konnten damals nicht verstehen, was die beiden verletzte und verband. »Ja, Laura und ihre Oma«, sagt er, scheint für einen Moment irgendwo anders zu sein, bekommt etwas Schmerzhaftes im Blick. Und ich wünsche mir, dass er mir freudestrahlend erzählt, dass Laura eine erfolgreiche Neurochirurgin geworden und ihre Oma nach ihrem 105. Geburtstag mit einem Glas Sekt in der Hand lächelnd im Fernsehsessel eingeschlafen ist. Aber er sagt nichts in der Richtung. Guckt mich nur an. »Das tut mir leid«, flüstere ich, sage es für mich und die anderen, und merke auf einmal, wie mir Tränen das Gesicht runterlaufen. Er nickt. Macht irgendwas mit der Hand in der Luft und reicht mir ein Taschentuch. Pustet einmal auf die Brotkrümel auf dem Tisch, und da steht ein Teller mit Plätzchen. Tippt mit der Fingerspitze an die Teekanne, und innen drin brodelt es und in der ganzen Küche riecht es nach Pflaumen und Zimt und Kardamom. Nimmt ein Plätzchen in die Hand, bricht es durch, gibt mir das größere Stück. »Nimm hin und iss.« Gießt uns beiden den dampfend heißen Tee ein, schiebt mir die Tasse hin. »Nimm hin und trink«. Und wir essen und trinken, und der Tee wärmt und die Plätzchen schmecken nach Butter und Zimt und Zuhause. »Ist gut?« fragt er irgendwann, und bevor ich etwas sagen kann, nickt er. »Ist gut.« Und ich traue mich auch zu nicken. »Ich muss dann auch mal weiter«, sagt er, steht auf, geht zum Küchenschrank und kramt in den Schubladen rum. Zieht ein paar Sachen raus, die ich ewig nicht benutzt habe und hält sie hoch. »Brauchst du die noch?« fragt er, ich mache »Äh ...«, aber er steckt sie schon in eine IKEA-Tasche. »Ich kenne da jemanden, der das brauchen kann.« »Klar«, mache ich. Beim Verabschieden legt er mir die Hand auf die Schulter und lächelt mich an. »Danke«, sagt er irgendwann. »Ich hab zu danken ...«, beginne ich, aber er winkt ab. »Bis demnächst mal«, sagt er aufgekratzt, dann ist er auch schon zur Tür raus. Und ich sitze wieder in meiner Küche. Nehme einen Schluck Tee, sehe die offenen Schubladen, merke, wie erschöpft ich bin. Und befreit. Hol das Smartphone aus der Tasche und suche nach einer Laura. Es wird Weihnachten.

Laura gab bzw. gibt es wirklich, natürlich heißt sie anders. Von ihr zu schreiben, bedeutete eine Auseinandersetzung mit biografischen Episoden, in denen die eigene Rolle wenig glanzvoll war – und beim Publikum ähnliche Erfahrungen wachruft. Aber gute Poesie, starke Geschichten gehen ans Eingemachte, bei Schreibenden und Hörenden gleichermaßen.

Der Kunstgriff, Jesus in die Gegenwart zu holen, kann enorm wirkungsvoll sein. Er setzt aber theologische Redlichkeit dahingehend voraus, dass Sie als Prediger oder Predigerin sich der Begegnung mit ihm zuerst aussetzen, nicht als eine Art personifizierten inneren Zensor, aber in aller ermutigenden und erschütternden Dramatik und in aller Bereitschaft für ungeahnte Folgen. Das ist deshalb wichtig, weil die Kirchengeschichte im Großen und Kleinen den Eindruck vermittelt, der Herr Jesus habe stets dieselbe Meinung wie diejenigen, die ihn zitieren. Das nimmt auch den alten homiletischen Grundsatz der Reformatoren ernst, dass Christus in der Predigt nie nur Thema ist, sondern stets auch Handelnder.

Im folgenden Beispiel, aus einer Palmsonntagspredigt zu Joh 12, wird versucht, dieses umzusetzen. Vorausgegangen war ihr die Teilnahme von Teilen der Gemeinde an einer Demo gegen Rechts wenige Wochen zuvor.

> Und ich stelle mir vor, wie es wäre, wenn er käme. In diesem Moment, auf den Rathausplatz in Barmen. Er würde sich nicht zu der grölenden Meute mit den Deutschlandfahnen gesellen, da bin ich mir mehr als sicher, und wenn man ihn fragte, würde er vielleicht erklären, dass er mit dem so genannten christlichen Abendland nicht das Geringste zu tun hat, und dass man sich bitte einen anderen Namen für dieses biologisch reine Alptraumland ausdenken soll. Aber wenn ich die Geschichte vom Einzug nach Jerusalem noch einmal lese, werde ich immer unsicherer, ob er sich einfach so zu uns stellen würde. Ich bin mir immer noch sehr sicher, dass wir, die Presbyterinnen und Presbyter, Pfarrerinnen und Pfarrer dieser Gemeinde, auf der richtigen Seite standen, vor einigen Wochen in Barmen, auf der einzig möglichen Seite stehen, wenn wir unsere Stimmen gegen Nationalflaggen und Hitlergrüße und fremdenfeindliche Parolen erheben.
>
> Wir würden ihn freundlich begrüßen, bejubeln, unsere Gewerkschafts- und Regenbogenfahnen schwenken, würden vielleicht sagen: Endlich! Aber wer weiß, ob er sich einfach so zu uns stellen würde.
>
> Vielleicht setzt er sich mitten auf den Platz, mitten in die Knautschzone zwischen Polizisten und Absperrgittern, holt eine Packung Kreide aus seinem Gewand und fängt an zu malen.

Vielleicht hält er ein kleines Mädchen aus Syrien an der Hand und sagt, in keine bestimmte Richtung, aber so, dass es jeder auf dem Platz hören kann: Wer so ein Kind aufnimmt, der nimmt mich auf.

Vielleicht dreht er sich zu uns und sagt: Steckt eure Trillerpfeifen in die Tasche. Denn wer die Trillerpfeife zieht, der wird durch die Trillerpfeife taub werden.

Vielleicht geht er zu dem grobschlächtigen Mann im orangefarbenen Kapuzenpulli, der immer noch die Hand zum Hitlergruß erhoben hat, drückt seinen Arm sanft hinunter und sagt: Heute will ich in deinem Haus zu Gast sein.

Vielleicht reitet er auf einem Eselchen oder fährt auf einem stinkig knötternden Motorroller unerträglich langsam, und wir würden unsere Fahnen und Trillerpfeifen enttäuscht sinken lassen.[137]

Übrigens: Ein Mindestmaß an Respekt gebührt nicht nur Jesus, wenn er als Figur in einer Predigt auftaucht. Auch andere Gestalten, die als Beispiele in einer Predigt herangezogen werden, sollten nicht als bloße »Aufhänger« missbraucht werden – egal, ob sie fiktiv oder real sind.

Von Edward Hopper stammen berühmte Werke des Amerikanischen Realismus, in denen er ausdrucksstarke Alltagsszenen verewigt hat. Suchen Sie im Internet nach einem Bild, das Sie anspricht, drucken Sie es am besten aus und schreiben sie einen Text dazu. Das kann eine Geschichte sein (Wie sind die Figuren in diese Situation geraten, oder wie kommen sie da heraus?) oder einfach ein eher lyrischer Text.[138]

Nehmen Sie einen Stift und zeichnen Sie Jesus in das Bild hinein. Was macht das mit Ihrem Text?

3.2.7 Dead or Alive?

Gute Zitate sind dazu da, dass man die eigene Sprache über sich hinaushebt auf ein Niveau, das es schon gibt und das sie von sich aus nicht erreicht hätte.[139]

Zu den Sonderformaten der Poetry-Slam-Landschaft gehören die *Dead-or-Alive-Slams,* bei dem Slam-Poeten mit ihren eigenen Tex-

---

137 https://kirchengeschichten.blogspot.com/2016/03/was-wenn-er-kame-predigt-uber-joh-1219.html – abgerufen 26.07.2018.
138 Daran haben sich schon andere gewagt, vgl. Block (2017).
139 Stock (2010), 63.

ten gegen Schauspielerinnen antreten, die Werke aus der klassischen Dichtung vortragen. Schiller gegen Zymny, Rilke gegen Ruppelt, Weber vs. Wimmer. Das ist eine großartige Gelegenheit, traditionelle Lyrik jenseits des Balladensezierens im Deutschunterricht wiederzubeleben und ihr Potenzial wiederzuentdecken. In die Kirchen hat es dieses Veranstaltungsformat bislang leider nicht geschafft, und so muss das Preacher-Slam-Publikum auf Matthias Claudius, Theresa von Avila, Paul Gerhardt oder Jochen Klepper noch verzichten.

Der Rückgriff auf traditionelle religiöse Dichtung als prägenden Bestandteil kirchlichen Lebens ist im slam-inspirierten Wortspiel auf der Kanzel möglich. Der Reiz liegt dabei darin, die alten Worte in den Flow eines Textganzen zu integrieren und dadurch neu zum Glänzen zu bringen, statt sie durch unterbrechende Einleitungen (»Der deutsche Dichter und Schriftsteller Gerhard Tersteegen drückt das in seinem Gedicht folgendermaßen aus ...«) von vornherein zum Fremdkörper zu erklären. Im folgenden Beispiel, einer Sequenz aus einer Predigt über die Sturmstillung (Mk 4,35–41a), wird fleißig geklaut: Von Andreas Malessa, Hanns Köbler, den Doofen, Paul Gerhardt und natürlich aus Altem und Neuem Testament. Wobei »geklaut« sehr unschön klingt, als *Bricolage, mash-up* oder *sampling* gehört der freie und kreative Umgang mit Zitaten zu den grundlegenden Techniken des Poetry-Slams wie der postmodernen Kultur der Referenzialität überhaupt.[140]

Wer ist er eigentlich? Dieser Jesus?
Der neue Mann.
Das Christkind.
Man sagt, er war ein Gammler,
er zog durch das ganze Land.
Meister. Lehrer. Freund. Sohn.
Ein Mensch wie du und ich.
Ohne Sünde. Ein Vorbild,
ein großes, aber doch eins neben anderen und unter vielen?
Irgend so ein guter Typ, der hatte alle Leute lieb.
Wunder-Rat, Gott-Held, Ewig-Vater, Friede-Fürst.

---

140 Vgl. Willrich (2010), 41 f.

Religionsstifter, Brunnenvergifter,
Prophet, Poet, Asket, Athlet, der mit mir geht,
der's Leben kennt, der mich versteht?
Seelenführer, Herzberührer,
Aufrührer, Verführer, Märtyrer.
Revoluzzer, Tempelputzer,
Überflieger, Geradebieger, Todbesieger.
Mein Herr und mein Gott.
Arzt und Heiler, Fischbrotteiler,
Zaubershow mit Weltniveau.
Lebensspender, Schicksalswender,
oder doch – ein Blender, Verschwender,
verurteilter Verbrecher, leerer Versprecher,
ein Fresser und Weinsäufer –
was kann aus Nazareth schon Gutes kommen?
Ein Herz voll Glut und Wunder,
ein Haupt voll Blut und Wunden,
gebunden. Geschunden. Verschwunden?
Wahrlich, dieser ist Gottes Sohn gewesen.

Wählen Sie ein paar Zitate aus der klassischen religiösen Dichtung aus. Variieren Sie, suchen Sie Reime, verbinden Sie Altes und Neues zu einem eigenen Text.

3.3 Ethik und Lebensfragen

3.3.1 Ethik und Politik

Das Politische des Konkreten

Slam-Poetry ist, vor allem in den USA, häufig politische Poesie, sowohl vom Inhalt als auch vom Kontext her: Die Veranstaltung ist basisdemokratisch organisiert, auf der Bühne vertreten oft Angehörige gesellschaftlich marginalisierter Gruppen ihren Standpunkt. Eine besondere Institution der deutschsprachigen Slam-Szene ist der *I,Slam,* ein mittlerweile weit über Bühnenkunst hinausgehendes Kulturkollektiv junger Musliminnen und Muslime. Im Zentrum steht dabei in erster Linie der Empowerment-Gedanke. Junge Muslim_innen sollen in ihrer Identität und in ihrem Selbstbewusstsein gestärkt werden. Gleichzeitig hat das Auftreten als junge/r selbstbewusste/r muslimische/r Künstler_in in der Öffentlichkeit immer etwas mit der Bekämpfung rassistischer Stereotype zu tun.[141]

Durch den Empowerment-Gedanken und die damit zusammenhängende Artikulation marginalisierter Perspektiven unterscheiden sich Beiträge des *I,Slam* von vielen politischen Beiträgen deutschsprachiger Slams eher kabarettistischer oder allgemein-gesellschaftskritischer Art. Die Debatte um die Frage nach dem Politischen der Poesie, der Kunst und letztlich auch der Predigt[142] wird dort hinfällig, wo die Benachteiligten gesellschaftlicher und wirtschaftlicher Entwicklungen selbst das Wort ergreifen und so deren Konsequenzen durch konkrete Erfahrung (s. Kap. 2.3) anschaulich machen. Dieser subjektive Ausgangspunkt schützt vor ungedeckten Appellen und damit einhergehender Gesetzlichkeit.[143] Dabei ist vorausgesetzt, dass es sich um eine Subjektivität der Erfahrung, nicht der politischen Überzeugung handelt – und dass diese Subjektivität offengelegt ist. Marc Kelly Smith schreibt, mit dem ihm und vielen Protagonisten der US-amerikanischen Slam-Szene eigenen Pathos:

> Wenn du nicht aus eigener Erfahrung heraus schreibst, rotzt du in der Regel Propaganda raus. […] Es ist nicht der Sinn von Kunst, mit Ideen wie mit Produkten hausieren zu gehen, sondern eine einzigartige und wahrheitsgemäße Erfahrung anzubieten, die das menschliche Verständnis von sich selbst und dem Universum um uns herum erweitert.[144]

Natalie Goldberg beschreibt die im Kern subversive Tendenz des dichterischen Strebens nach Konkretion und der damit verbundenen »Rechtfertigung de[s] ›Überflüssigen‹«[145]:

> Indem wir Details aus unserem Leben dokumentieren, setzen wir ein Zeichen gegen Bomben und Massentötung, gegen zu hohe Geschwindigkeit und zu große Effizienz. Der Schriftsteller muss das Leben und alles, was dazu gehört, bejahen. […] Ein Ja zu dem, was wir sind und was uns umgibt: zu den etlichen Pfunden

---

141 https://www.i-slam.de/index.php/de/ueber-uns – abgerufen 26.07.2018.
142 Vgl. Hoffmann (2011), 11–16.
143 Hoffmann (2011), 16–33.
144 Smith/Kraynak (2009), 160 (Übersetzung HP).
145 Bieler/Gutmann (2008), 11–66.

Übergewicht, dem Weihnachtskitsch im Schaufenster, der grauen, kalten Straße […] Wir müssen mit einem Ja auf unseren Lippen vortreten, damit es kein Nein mehr auf dieser Welt geben kann […], das Leben auslöscht und die wichtigsten Einzelheiten für wertlos hält.[146]

Das Schreiben ethisch-politischer Texte setzt also die Auseinandersetzung mit der eigenen Lebenserfahrung voraus, die auch aus biblisch-theologischer Sicht geboten und verheißungsvoll ist: »Die biblische Zeiterfahrung ist immer von dem bestimmt, was in der Zeit erlebt und erfahren wird«[147].

Nehmen Sie sich Zeit und notieren Sie Situationen, in denen Sie Diskriminierung, Anfeindung, Benachteiligung aufgrund Ihres Geschlechts, Gewichts, Aussehens, Alters oder Ihrer sexuellen Orientierung erlebt haben. Schildern Sie sie möglichst konkret, auch wenn es wehtut. Vielleicht haben Sie damit schon eine Textgrundlage. Wenn Sie keine solche Erfahrung gemacht haben – drehen Sie den Spieß um: Notieren Sie Situationen, in denen Sie selbst aus o. g. Gründen andere Menschen diskriminiert haben. Das tut vielleicht noch mehr weh, ist aber heilsam.

Biblische Ausgangspunkte

Neben der eigenen Erfahrung geht ethisches und politisches Predigen von der Bibel aus, also von über die Jahrhunderte verdichteten Gottes- und Lebenserfahrungen mit großem veränderndem Potenzial (s. Kap. 3.1.6): »Das Abweichen vom biblischen Ansatz rächt sich entweder in Realitätsferne oder in Unbarmherzigkeit«[148] – die biblischen Texte bleiben so auch Korrektiv für die Predigerin. Besonders naheliegend sind natürlich solche Texte, bei denen ein gesellschafts- oder institutionenkritischer Impuls offen ausgesprochen ist.

Schreiben Sie eine Stellenbeschreibung für eine kirchlich-geistliche Reinigungskraft in Anlehnung an den Tempelzwischenfall (Mk 11,15–19 par): Wo müsste mal richtig aufgeräumt werden?

---

146 Goldberg (2014), 61 f.
147 Hoffmann (2011), 29.
148 Hoffmann (2011), 50.

Besonders prophetische Texte, aber auch Gebete enthalten positive, oft überaus bilderreiche Visionen einer besseren Welt. Meist geht es dabei um das Ende von Gewalt oder um die Umkehrung gesellschaftlicher Verhältnisse. Ein Beispiel für Letzteres bietet die in der Pfingstpredigt (Apg 2,14–36) zitierte Passage aus Joel 3,1–3: Junge Leute zeigen prophetische Weisheit, alte fangen an zu träumen, Knechte und Mägde haben Visionen.

🖉 Malen Sie diese Vorstellungen konkret aus: Welche Träume haben die Alten? Was zeigt sich den Knechten und Mägden in ihren Visionen?

Positive Bilder im Kopf bewirken die Ausschüttung von Glückshormonen. Das bringt die weißutopischen Visionen in die Nähe der *Wunderfrage*[149], einem Hilfsmittel aus dem Werkzeugkasten systemischer Beratung. Dabei wird die Klientin aufgefordert, sich möglichst konkret vorzustellen, wie ihre Welt aussehen würde, wenn ihr Problem über Nacht verschwunden wäre. Die dabei entstehenden Bilder können eine hohe Zugkraft entwickeln und dazu verhelfen, eigene psychische Ressourcen zu mobilisieren.

❗ »Und er wird der Friede sein« (Mi 4,5a). Nehmen Sie den Schluss der bedeutenden Weihnachtsperikope als Ausgangspunkt für die Wunderfrage: Woran werden Sie merken, dass der Friede da ist?

3.3.2 Lebensfragen

Ein weiteres beliebtes Thema für Slam-Texte sind *Lebensfragen*[150], also die unzähligen Rätsel, vor die einen das eigene Menschsein stellt. Das können die großen philosophischen oder theologischen Themen sein (»Wo kommen wir her, wo gehen wir hin?«, »Was ist mit Erwin, jetzt, wo er tot ist?«), das können Fragen im Blick auf die eigene Lebensführung und Lebensplanung sein, die eher allgemeiner

---

149 Vgl. Heimes (2014), 222.
150 Großartige Schreibanregungen bieten die Fragensammlungen von Max Frisch (z. B. hier: http://www.politopia.de/threads/12448-Max-Frisch-25-Fragen-an-die-Menschheit – abgerufen 26.07.2018) und Marcel Proust (z. B. hier: https://www.corinne-staub.ch/resources/DER_MARCEL_PROUST_Fragebogen.pdf – abgerufen 26.07.2018).

Art sind (»Was ist mir wichtig im Leben?«) oder sich an konkreten Problemen entzünden (»Ist meine Ehe noch zu retten?«). Manche Fragen tangieren ethische oder politische Themen (»Wen soll ich wählen?«), andere sind seelsorglich relevant (»Wer bin ich?«). Die Fragen und deren Anlässe werden so unterschiedlich sein wie die Menschen, die sie sich stellen, trotzdem ist bei Lebensfragen, mit denen Sie selbst beschäftigt sind, die Chance hoch, dass auch andere sich hineinfühlen können.

Nehmen Sie sich Zeit und listen Sie die großen und kleinen Lebensfragen auf, die Ihnen einfallen. Inspiration bietet die einschlägige Ratgeberliteratur. Wenn Sie eine ansehnliche Liste beisammenhaben, können Sie sie sortieren: Auf welche davon haben Sie eine Antwort gefunden, auf welche nicht?

Stilistisch ist man beim Schreiben über Lebensfragen überhaupt nicht festgelegt: Sie können Anlässe für narrative Texte bieten, in denen die Suche nach einer Antwort wie eine Heldenreise erzählt wird (»Von einem, der auszog, ...«). Sie können lyrisch behandelt werden, aber auch zu humoristischen Verarbeitungen reizen.

Wählen Sie aus Ihrer Liste einige Lebensfragen aus, die sprichwörtlichen Charakter haben. Spielen Sie damit, indem Sie einzelne Bestandteile verändern oder sich Situationen vorstellen, in denen metaphorische Fragen wörtlich missverstanden werden. Machen Sie daraus einen oder mehrere Texte.

Die rheinische Pfarrerin und Slam-Poetin Friederike Lambrich hat einen grandiosen Text zu Lebensfragen geschrieben: In ihrem Listengedicht *Neunzigmalklug*[151] liefert sie einen biografischen Schnelldurchlauf, indem sie teils allgemeine, teils sehr persönliche Lebensfragen hintereinanderstellt:
1. Wo ist der Himmel aufgehängt?
2. Warum macht grüne Seife weißen Schaum?

---

151 http://gottesdienstinstitut-nordkirche.de/wp-content/uploads/2015/03/Lambrich.pdf – abgerufen 26.07.2018.

3. Kommt da noch ein Baby raus?
4. Oma, schmeckt die Frau da nach Schokolade? [...]
21. Kann ich Mathe von dir abschreiben?
22. Willst du mit mir gehen?
23. Warum sind die süßesten Jungs immer die größten Herzensbrecher?
24. Warum tut Liebeskummer weh?
25. Hast du auch mal welchen gehabt, Mama?
26. Wer hält mich, wenn ich falle?
27. Bist du da, Gott?
28. Wieso konnten sie sich nicht zu zweit auf die verdammte Tür legen?? [...]
36. Papa, kannst du mir die Waschmaschine anschließen?
37. Mama, kannst du mir erklären, wie sie funktioniert?
38. Vermisst du mich auch?
39. Warum wohnen die besten Freunde immer so weit weg? [...]
61. Welche Wohnung ist groß genug für zwei Lebensentwürfe?
62. Warum ist der Urlaub immer viel zu kurz?
63. Warum bin ich morgens immer müde und werde abends wach?
64. Warum bringst du den Müll nicht raus? [...]

Der Text lebt zum einen von der Nachvollziehbarkeit der Fragen, zum anderen aus der Dynamik, die sich aus dem Wechsel zwischen biografischen, theologischen und ethischen Grundproblemen und trivialen Fragen, nicht selten Zitaten aus der Popkultur des jeweiligen Lebensabschnitts, ergibt.

Lambrichs Biografie in Listenform geht ungefähr bis Anfang Dreißig. Vielleicht sind Sie älter. Schreiben Sie die Liste weiter mit den Fragen, die Sie in den Jahren danach beschäftigt haben. Das ist übrigens eine Übung, die sich auch hervorragend in Gemeindegruppen einsetzen lässt.

In der therapeutischen Biografiearbeit spielt die mystische Zahl Sieben eine wichtige Rolle,[152] weil man davon ausgehen kann, dass sich

---

152 Vgl. Wagner (2013), 31 f.

alle sieben Jahre biologische und psychosoziale Faktoren so stark verändert haben, dass eine neue Lebensphase anbricht. Das ist sehr schematisch gedacht, aber es kann dabei helfen, Texte über Lebensfragen zu strukturieren.

Teilen Sie Ihr bisheriges Leben in Siebenerschritte auf. Finden Sie für jede Lebensphase eine neugierig machende Überschrift – dabei können Sie sich z. B. an Buch- oder Filmtiteln orientieren. Oder notieren Sie zu jeder Lebensphase die große Frage, die Sie bewegt hat. Orientieren Sie sich dabei auch an der Sprache, die für Sie in dieser Phase entscheidend war (Kindersprache für die ersten Lebensjahre, dramatische Formulierungen in der Pubertät, elaborierter Stil für die Studienzeit usw.). Ordnen Sie jeder Lebensphase ein Bibelzitat zu. Oder zeichnen Sie das Bild von Gott, das Sie im jeweiligen Lebensabschnitt getragen oder herausgefordert hat.

Menschen sind auch an Antworten interessiert. Neben Ratgeberbüchern haben Vorträge und Clickbait in Listenform (»Zehn Dinge, die du wissen musst, um im Dschungel zu überleben«) derzeit Hochkonjunktur.

Denken Sie sich zehn Überschriften nach diesem Muster aus. Könnte aus einer ein Text werden?
Nehmen Sie sich Ihre Liste mit den beantworteten Lebensfragen. Formulieren Sie die Antworten in griffigen, überschriftsgeeigneten Sätzen. Bringen Sie sie dann in eine sinnvolle Reihenfolge. Schreiben Sie einen Text mit der Überschrift: »Was ich vom Leben (über die Liebe, über Gott, …) gelernt habe.«[153]

---

153 Jeder Mensch sollte einmal den Vortrag von Anne Lamott gehört haben: https://www.ted.com/talks/anne_lamott_12_truths_i_learned_from_life_and_writing – abgerufen 26.07.2018.

4 Redaktion und Weiterarbeit

So sinnvoll und wichtig es ist, in einen Schreibfluss zu kommen, obwohl sehr gute Texte oder zumindest Textpassagen sich manchmal wie von selbst schreiben – nach dem ersten Runterschreiben ist der Text in den allermeisten Fällen alles andere als fertig. Manche Menschen scheuen sich davor, den Text noch einmal in die Hand zu nehmen und den Rotstift anzusetzen. Sie haben Angst, irgendeine Magie zu zerstören oder die Unmittelbarkeit und damit Ehrlichkeit ihrer Äußerungen aufs Spiel zu setzen. Es fällt auch einfach schwer, sich von guten Ideen zu verabschieden und Texte, in die einiges an Herzblut geflossen ist, noch einmal mit dem nüchternen Blick eines Redakteurs oder einer Lektorin zu lesen. Deswegen ist es sinnvoll, zwischen Niederschrift und Redaktion oder Korrektur ein bisschen Zeit verstreichen zu lassen, um aus dem Schreibfluss wieder herauszukommen.

! Ihren inneren Zensor haben Sie zu Anfang des Buches und Ihres Schreibprozesses hinauskomplimentiert. Jetzt können Sie ihn (oder sie) wieder reinbitten. Geben Sie ihm oder ihr dabei konkrete Arbeitsaufträge: Worauf soll er/sie besonders achten, welche Bemerkungen soll er/sie sich verkneifen?

Im Folgenden geht es im Wesentlichen um zwei Redaktionsschritte: Um die textinterne Weiterarbeit, also sprachliche Korrekturen, inhaltliche Präzisierungen und dergleichen. Und um den Einbau von Textfragmenten in einen größeren Zusammenhang. Auch bei den Übungen zur Performance (s. Kap. 5) kann es noch einmal zu Änderungen am Text kommen.

4.1 Textinterne Weiterarbeit

Bei der textinternen Redaktion geht es um Verbesserungen am Text selbst, zunächst sprachlicher Art. Dazu gehören Rechtschreibung (weniger wichtig) und Grammatik (wichtiger für den Vortrag), dann geht es weiter mit stilistischen Klärungen, noch größer wird es mit der Arbeit an Textstruktur, Logik und Dramaturgie. Kurz gesagt geht es darum, sicherzustellen, dass aus einer guten Idee ein guter Text wird, d. h. ein Text, der möglichst vollständig das transportiert, was Sie aussagen und bewirken wollen. Welche der folgenden Arbeitsschritte für Ihren Text von Bedeutung ist, entscheiden Sie selbst.

4.1.1 Sprachliche Aspekte

Überprüfen Sie Ihren Text auf sprachliche Korrektheit: Stimmen Grammatik und Satzbau, verwenden Sie die richtigen Präpositionen und Kasus, sind die Wörter, die Sie benutzen, für alle verständlich und korrekt eingesetzt? Letzteres betrifft vor allem Wortpaare, die ähnlich klingen und landläufig als Synonyme verstanden werden, tatsächlich aber Unterschiedliches meinen, zum Beispiel *anscheinend* und *scheinbar*. Achten Sie auch darauf, dass die Wörter wirklich das bezeichnen, was Sie aussagen wollen. So löblich es ist, sich um eine abwechslungsreiche Ausdrucksweise zu bemühen – »es gibt, wenn überhaupt, nur sehr wenige wirkliche Synonyme in einer Sprache.«[154] Brüche jeder Art, auch in der Grammatik, sollten, wenn sie in Kauf genommen werden, immer eine Funktion haben. Zwar werden viele Brüche bei einem engagierten Vortrag überhört, trotzdem riskieren Sie damit, Ihr Publikum aus dem Hörfluss zu reißen. Achten Sie auch auf korrekten Tempusgebrauch. Oft werden hier Fehler beim Schreiben in der Vergangenheit gemacht (bei Erzählungen bietet sich ohnehin das *Präsens* an, um Nähe und Gleichzeitigkeit zu erzeugen): Im Hochdeutschen wird das *Präteritum/Imperfekt* bis auf ganz wenige Ausnahmen nur in der Schriftsprache verwendet, beim Sprechen benutzen wir das *Perfekt*. Da Sie Ihren Text, egal ob Predigt oder Slam-Beitrag, für ein zuhörendes Publikum schreiben, betreten Sie hier einen Zwischenraum zwischen Mündlichkeit und Schriftlichkeit, sollten aber akustischen Verstehensmöglichkeiten Rechnung tragen. Aus diesem Grund sollten Sie auch Schachtelsätze und zu viele und zu lange eingeschobene Nebensätze nur mit Bedacht verwenden – die Zahl an Wörtern, die ein Mensch beim ersten Hören aufnehmen

---

154 Gesing (2015), 396 – dort finden sich auch zahlreiche weitere Hinweise.

kann, ist begrenzt. Hauptsätze wirken beim Schreiben vielleicht simpel, sind aber hörerfreundlicher. Womit wir bei der Stilistik wären.

4.1.2 Stilistische Korrekturen

Füllwörter

Die Liste vermeidbarer Füllwörter ist lang, verschiedene literarische Genres haben je ihre eigenen Favoriten. Gemeinsam ist ihnen, dass sie wenig bis keine inhaltliche Relevanz haben.

> Im Grunde ist es ja nun eigentlich demzufolge sozusagen sehr empfehlenswert, wenn auch zweifellos einigermaßen schwierig, den eigenen Text einmal ohne Umschweife daraufhin zu untersuchen, ob er unter Umständen das eine oder andere Wort enthält, das an und für sich unnötig ist und letzten Endes eventuell gestrichen werden könnte.

Klar? Nicht jedes Füllwort ist verboten, in wörtlicher Rede sorgen sie für Alltagsnähe. Für die Parodie mancher Stile sind sie unumgänglich. Trotzdem sollten in einem Text nur die Wörter vorkommen, die Sie brauchen.

Adjektive

Viele Menschen benutzen Adjektive, um Texte anschaulicher zu schreiben – manchmal passiert aber das genaue Gegenteil: Adjektive, die Aussehen oder Qualität eines Gegenstandes oder einer Person beschreiben, widersprechen dem Grundsatz *Show, don't tell.* Schwache, also wenig aussagekräftige Adjektive *(groß, klein, kurz, ...)* sind farblos. Wenn es nicht um die rein physische Beschaffenheit, sondern um Eigenschaften geht, können Adjektive etwas Manipulatives haben, weil sie Wertungen transportieren und etwas behaupten, ohne es zu begründen *(wichtig, liebevoll, hässlich, ...).* Das heißt nicht, dass Adjektive generell verboten wären – richtig eingesetzt, können sie einem Text tatsächlich Farbe und sinnliche Tiefe verleihen. Trotzdem empfiehlt es sich, jedes Adjektiv auf seine Funktion und Notwendigkeit zu überprüfen. Das geht am besten mit einem radikalen Schritt.

> **!** Streichen Sie alle Adjektive in Ihrem Text durch. Lesen Sie ihn dann, vielleicht nach einer kleinen Unterbrechung (Abschiede brauchen Zeit) noch einmal, vorzugsweise laut. Achten Sie darauf, was sich verändert: Fehlen wichtige Informationen, bekommt der Text vielleicht eine ganz

andere Richtung – oder ändert sich an Intention und Wirkung überhaupt nichts? Lassen Sie nur diejenigen Adjektive stehen, die dem Text wirklich dienen.[155]

Verben

Ein Satz ist erst dann ein Satz, wenn er ein Verb hat. Verben sind, insbesondere bei erzählenden Texten, die Motoren der Geschichte, weil sie die Handlung voranbringen. Es gibt schwache Verben jenseits von Konjugationsregeln. Gemeint sind solche, die Tätigkeiten zusammenfassen, statt sie zu beschreiben. Zum Beispiel *gehen*: Hier bieten sich unzählige andere Wörter an, die den Vorgang präziser schildern, dazu noch visuelle und atmosphärische Aspekte transportieren, weil sie lautmalerisch sind: *schleichen, stolpern, trippeln, schreiten, marschieren, humpeln, tänzeln, staken, watscheln, stapfen, bummeln, stolzieren, tappen, streifen, schlendern, rollen, zockeln* usw.

Schreiben Sie eigene Listen zu Allerweltsverben wie *sehen, reden,*
sprechen, rufen, ...

Auch Verben, die einen Zustand ausdrücken oder Sinneswahrnehmungen einleiten, sollten einer Prüfung unterzogen werden, weil sie häufig den Auftakt zu abstrakter Sprache darstellen. Vorsicht ist auch bei den Verben auf *-ieren* geboten: »Die meisten dieser Verben sind verkappte Substantive.«[156]

Markieren Sie alle Verben in Ihrem Text. Wenn Sie schwache Verben verwenden, probieren Sie präzisere Varianten aus.

Blinde Fabulierwut ist nicht der Königsweg, schwache Verben sind auch nicht generell verboten. In manchen feststehenden Ausdrücken sind sie sogar unersetzlich. Als Faustregel kann gelten, dass vor allem solche Verben konkret und anschaulich sein sollten, die die Handlung voranbringen. So vermeiden Sie das Risiko, den Fokus auf Unwichtiges zu lenken.

---

155 Vgl. Hippe (2011), 187.
156 Jeske/Reiz (2011), 184.

Konkrete Sprache

Fast alles bis hierher Gesagte zielt letztlich auf stärkere Konkretheit. Wenn Teile Ihres Textes auf Sie selbst kraftlos wirken, kann es helfen, sich noch einmal Hayakawas Abstraktionsleiter oder dem theologischen Bücherregal zuzuwenden (s. Kap. 2.3). Dabei sollten Sie die Textintention im Blick behalten und gewichten: Konkrete Sprache eröffnet Schauplätze. Dort sollte dann auch etwas passieren. Wenn Passagen rein überleitenden Charakter haben, ist besondere Konkretheit nicht unbedingt nötig, vielleicht sogar kontraproduktiv, weil Sie damit den Fokus auf Unwichtiges legen. Auch hier die Faustregel: Konkret sollten Sie vor allem dort werden, wo es um etwas geht. Das bezieht sich nicht nur auf die bloße Wortebene.

Redundanzen, Details und Wiederholungen

Manchmal packt einen beim Schreiben eine Lust an der Sprache, die dazu führt, dass ein Vorgang oder Sachverhalt mehrfach geschildert wird. Wenn das passiert, ist das toll, weil es ein Anzeichen dafür ist, dass man in den Schreibfluss eingetaucht ist. Was dabei rauskommt, ist trotzdem nicht unbedingt das optimale Endergebnis. Im kleinen Maßstab betrifft das *Pleonasmen* (weißer Schimmel, schwarzer Rabe, Tsunami-Welle, Gratisgeschenk, evangelische Pfarrerin, persönliche Anwesenheit), im größeren unnötige Variationen (die oft auch inhaltlich falsch sind): »Das Kind schrie, brüllte und heulte wie eine Sirene« – was tat es denn nun? Pleonasmen können allerdings die emotionale Wirkung einer Aussage verstärken. Manche sprachlichen Doppelmorde haben sich außerdem so eingebürgert, dass sie nicht mehr als Stilbruch empfunden werden.

Ähnlich verhält es sich mit Schilderungen von großem Detailreichtum: Wenn Sie einen Vorgang kleinschrittig beschreiben, bedeutet das eine Verlangsamung des Erzähltempos. Das kann dramaturgisch sinnvoll sein, zum Beispiel dann, wenn Sie Spannung aufbauen wollen. Texte mit starker *Hang*-Energie (s. Kap. 5) beziehen einen großen Teil ihrer Dynamik aus einem mäandernden Stil. Überprüfen Sie daher bei jeder detaillierten Schilderung, ob sie Ihrer Textintention dient.

Wiederholungen schleichen sich manchmal beim Schreiben ein. Erst beim späteren Korrekturlesen fällt auf, dass ein Wort oder eine Wendung immer wieder auftaucht. Das lässt sich leicht beheben, indem

Sie auf Wiederholungen verzichten, wo sie nicht für das Textverständnis notwendig sind (bei gesprochenen Texten vielleicht öfter als in solchen, die fürs Lesen bestimmt sind), oder Variationen verwenden. Wiederholungen können außerdem sinnvoll sein, wenn Sie damit eine bestimmte Wirkung erzielen, einen Gedanken im Publikum verankern oder, wie bei einem Refrain, Strophen unterschiedlichen Inhalts und Motivik verbinden wollen. Was immer Sie tun, es sollte gewollt sein.

Sprachklang

Der Sprachklang prägt den Gesamteindruck eines Textes. Daher sollten klangliche Mittel zum Inhalt passen: In einem Text, der eine abendliche Idylle schildert, können die Vokale überwiegend dunkel und die Konsonanten weich sein. Der Rhythmus sollte dem alltäglichen Sprachfluss folgen, um die Performance zu erleichtern und Irritationen beim Hören zu vermeiden. Ungewollte rhythmische Brüche und Passagen, die beim Vorlesen Schwierigkeiten bereiten, sind außerdem oft Anzeichen für inhaltliche Unsauberkeiten. Alliterationen, Assonanzen und Reime sollten im Textganzen eine Funktion erfüllen, weil sie Aufmerksamkeit auf sich ziehen.

! Machen Sie es sich zur Gewohnheit, jeden Text, der fürs Hören bestimmt ist, laut zu lesen. Einige notwendige Korrekturen werden erst dabei deutlich.

4.1.3 Textstruktur und Dramaturgie

Standen bislang Veränderungen auf Wort- und Satzebene im Vordergrund, geht es jetzt um redaktionelle Schritte, die längere Passagen bis hin zum ganzen Text betreffen. Hier hilft es, wenn Sie sich zunächst einen Überblick über die Textstruktur verschaffen, indem Sie Ihren Text gliedern. Das aus der Dramaturgischen Homiletik stammende Darstellungskonzept *Titel & Mittel*[157] kann hierfür um eine Funktions- oder Effektebene ergänzt werden.

! Gliedern Sie Ihren Text in (möglichst kleine) Sinnabschnitte. Nehmen Sie dann so viele Blätter wie Abschnitte zur Hand. Notieren Sie auf jedem

---

157 Nicol/Deeg (2013), 45–72.

Blatt zunächst einen aussagekräftigen Titel. Darunter das sprachliche Mittel, das Sie verwenden. In eine dritte Zeile schreiben Sie die beabsichtigte Funktion oder Wirkung der Passage.

Zunächst gilt es zu entscheiden, ob jede Passage aus inhaltlicher Sicht notwendig ist.

! Legen Sie die Zettel in der Reihenfolge des Textes untereinander. Entscheiden Sie dann, ob jeder einzelne Schritt logisch in die Dramaturgie passt. Diejenigen Zettel, bei denen Sie unsicher sind, rücken Sie ein Stück nach rechts. Betrachten Sie die Gesamtstruktur noch einmal, vielleicht fällt Ihnen hier schon auf, wo Änderungen notwendig sind. Bevor Sie entscheiden, lesen Sie den Text laut, lassen Sie dabei die fraglichen Passagen weg. Wird der Text dadurch unverständlich oder um entscheidende Aussagen reduziert? Diejenigen Zettel, bei denen sich das klar verneinen lässt, können Sie umdrehen oder weglegen.

Nicht jede Passage, die den Flow des Textes stört, ist gänzlich überflüssig. Manchmal steht sie nur an der falschen Stelle. Wenn Sie etwa drei Szenen, Figuren oder Beispiele ausführlicher schildern, also bewusste Variationen einsetzen, sollten diese dramaturgisch sinnvoll gestaltet werden, zum Beispiel in einer Steigerung inhaltlicher oder atmosphärischer Art. In solchen Fällen kann es ausreichen, einfach die Reihenfolge zu ändern.

! Wenn noch eingerückte Zettel übrig sind, die inhaltlich notwendig sind, verschieben Sie sie nach oben oder unten. Vielleicht fällt Ihnen schon beim Blick auf die Gesamtstruktur etwas auf. Lesen Sie dann den Text noch einmal – unter Umständen müssen Sie einzelne Formulierungen verändern, um ungewollte Brüche zu vermeiden.

Schmerzhafte Abschiede – Spare your darlings

Die Entscheidung gegen einzelne Textpassagen, Gedanken, Bilder und insbesondere Figuren kann schwerfallen, weil sie Ihnen im Laufe des Schreibens ans Herz gewachsen sind. Machen Sie sich zunächst klar, dass dramaturgisch notwendige Streichungen keine Aussagen über die Qualität der betroffenen Stellen sind. Sie können hervorragend geschrieben sein und trotzdem der Intention des konkreten Textes entgegenstehen. Wenn das liebevoll gezeichnete Figuren oder Schauplätze betrifft, die Sie besonders spannend finden, archivieren Sie sie. Und nehmen Sie sich vor, ihnen in naher Zukunft einen eigenen Text zu widmen. So wird aus dem Streichen ein Materialgewinn.

Erster und letzter Satz

Zu den ersten potenziellen Kandidaten für Streichungen gehören *Anfang* und *Ende*. Aus der Radiohomiletik stammt der hilfreiche Tipp, den ersten Satz ersatzlos zu streichen. Dieser kann noch aus Ihrer schreiberischen Aufwärmphase stammen. Vielleicht haben Sie auch das Gefühl, eine Einleitung zu brauchen. Das kann sein, vielleicht möchten Ihre Leserinnen und Zuhörer aber viel lieber gleich mit Ihnen in den Textfluss einsteigen.

> Streichen Sie den ersten Satz Ihres Textes. Lesen Sie den Text dann noch einmal laut und entscheiden Sie, ob er notwendig ist.

Auch der letzte Satz kann, insbesondere dann, wenn er keinen Informationsgewinn bringt, sondern rein zusammenfassende oder deutende, also pädagogische Funktion hat, unnötig sein, vielleicht sogar dem Text schaden, weil der Teil, der am längsten nachklingt, schwach ist. Das ideale Ende eines Textes ergibt sich aus der Intention: Der Schluss sollte zwar ein deutliches Ende signalisieren, zugleich aber die beabsichtigte Wirkung verstärken: Wenn Sie einen Text mit starkem Appell-Charakter und deutlicher *Thrust*-Energie (s. Kap. 5) haben, sollten Sie am Ende nicht zurückrudern, sondern mit einem Ausrufezeichen enden. Bei einem lyrischen, meditativen Text kann die Trance, die Sie damit erzeugen, ruhig noch etwas nachklingen – auf jeden Fall sollten Sie es vermeiden, Ihre Zuhörerinnen unsanft zu wecken. Ein witziger Text sollte mit der stärksten Pointe, die Sie haben, schließen. Das Zurückkehren zu einem Gedanken vom Anfang des Textes ist sinnvoll, wenn ein irgendwie gearteter Informationszuwachs erfolgt ist. Wo das nicht der Fall ist, wirkt es allenfalls fleißig bis zwanghaft.

! Streichen Sie den letzten Satz Ihres Textes. Lesen Sie den Text laut. Wenn genau dieser Satz fehlt, lassen Sie ihn stehen. Wenn Sie merken, dass die Streichung dem Text guttut, aber trotzdem etwas fehlt, überlegen Sie sich ein alternatives Ende. Lassen Sie sich dabei von Textintention und -dramaturgie leiten.

Das Redigieren fällt bei fremden Texten leichter als bei eigenen. Vielleicht wollen Sie das erst an solchen üben. Vielleicht verspüren Sie auch gerade Unwillen gegenüber dem Verfasser dieses Buches, der hier so schulmeisterlich rät, Lieblinge zu ermorden und Schönes zu streichen. Wenn das so ist, können Sie sich bei der nächsten Übung abreagieren.

! Nehmen Sie sich die längeren Textbeispiele aus diesem Buch vor und setzen Sie gnadenlos den Rotstift an.

Thema, Inhalt und Bezugsrahmen

Zu weiterer Überarbeitung kann die Unterscheidung zwischen *Inhalt* und *Thema* eine Hilfe bieten.[158] Beides wird fälschlicherweise oft synonym verwendet, eine Klärung kann helfen, die Wirkung des Textes zu verstärken. Kurz gesagt:

> Der Inhalt […] beschreibt eine Handlung oder eine Situation, das Thema dagegen ist der Grundgedanke oder das Gefühl, das den Inhalt bestimmt.[159]

Das lässt sich an neutestamentlichen Gleichnissen zeigen: Lk 15 bietet drei Erzählungen, die allesamt ein *Thema* variieren. Allgemein gesprochen geht es um »Verlieren und Finden« bzw. »Verlorengehen und Gefundenwerden«, genauer gesagt um »Verlieren und die Freude über das Wiederfinden«, inhaltsbezogen um »Gottes Aufwand und Freude beim Wiederfinden von Verlorenen«. In den ersten beiden Geschichten, denen vom verlorenen Schaf und Groschen, wird das Thema explizit am Ende genannt (Lk 15,7.10), bei der dritten Geschichte erübrigt sich dies, weil sie detaillierter erzählt ist.

---

158 Vgl. Abou-Dakn (2013), 37–51.
159 Abou-Dakn (2013), 37.

Der *Inhalt* ist jeweils ein anderer, mal geht es um einen Hirten, der ein Schaf sucht, mal um eine Frau, die Geld verloren hat, mal um einen Sohn, der in die Fremde zieht, wieder zurückkehrt und zu Hause mit Freuden aufgenommen wird. Der Inhalt wird wiederum bestimmt vom *Bezugsrahmen,* also der Bühne, auf der eine Geschichte erzählt wird, dem inhaltlichen Blickwinkel. Beim Textbeispiel zu *Sola Gratia* (Kap. 3.2.2) ist das Thema die Rechtfertigung allein durch Gnade bzw. allein durch Christus, der Bezugsrahmen ein Club, zu dem der Eintritt verwehrt ist, inhaltlich geht es um einen Ich-Erzähler, der vergeblich versucht, aus eigener Anstrengung hineinzukommen. In den oben genannten Gleichnissen ist der *szenische* Bezugsrahmen unterschiedlich groß: Sie spielen im Wohnhaus, in den Weiten der Wüste; beim »verlorenen Sohn« wechselt die Szenerie gleich mehrfach. Der *emotionale* Bezugsrahmen bleibt in allen drei Fällen derselbe, es geht um das Wechselbad der Gefühle zwischen Verlieren und Wiederfinden.

Überprüfen Sie Ihren Text oder einzelne Passagen daraufhin, ob die hier verwendeten Sprachbilder und Inhalte dem Bezugsrahmen entstammen. Falls nicht – ändern Sie. Vielleicht fallen Ihnen auf diesem Weg weitere Bilder und Motive ein.

4.2 Von der Idee zum Text

Ging es bislang darum, bestehende Texte zu verbessern (und, Hand aufs Herz, meistens zu kürzen), ist die Frage jetzt eine andere. Vielleicht haben Sie eine schöne Textpassage, die aber als Slam-Beitrag zu kurz ist, als Predigt sowieso. Wenn Sie von der Idee überzeugt sind, gibt es keinen Grund, darauf zu verzichten. Vorneweg sei gesagt: Das Verlängern eines Textes ist ein risikoreiches Unterfangen, weil sich schnell Redundanzen einschleichen. Gemeint ist auch keine »Verdünnung« oder »Verwässerung« in sprachlicher oder dramaturgischer Sicht – eine starke, kompakt geschriebene Szene verliert an Wirkung, wenn sie künstlich in die Länge gezogen wird.

Trotzdem gibt es Wege, aus einer kleinen Passage längere Texte zu entwickeln. Viele sogar, weil es unzählige verschiedene Textgattungen gibt und verschiedene Herangehensweisen ans Schreiben. Zuvor aber eine Erinnerung an ein hilfreiches Konzept.

4.2.1 Mit Moves & Structure arbeiten

Martin Nicol hat die Idee von *Moves & Structure* in die Homiletik eingebracht.[160] *Moves* sind kürzere Sequenzen, die mit Filmszenen vergleichbar sind. Einige Ihrer Arbeitsergebnisse aus den vorangegangenen Schreibübungen können solche sein. Moves sind eingebunden in eine Gesamtbewegung, die *Structure*. Die wiederum ähnelt dem Drehbuch oder Storyboard eines Films. Der Unterschied zur klassischen *Gliederung* einer Predigt besteht darin, dass diese oft einem logischen Aufbauschema folgt, das zu einer Erkenntnis führen soll – die Bewegung wird also sehr stringent, zielt jedoch nicht auf eine emotionale Beteiligung der Hörenden ab. Es lohnt sich, sich selbst größere Freiheit in der Anordnung verschiedener Moves zu geben. Diese werden freilich nicht vollkommen willkürlich aneinandergereiht – »Predigten brauchen eine Structure, eine einfallsreich konzipierte und theologisch-rhetorisch verantwortete Bewegung vom Anfang zum Ende.«[161] Die endgültige Structure entsteht im Wechselspiel der verschiedenen Moves. Nicol und Deeg empfehlen aus diesem Grund den Einsatz eines buchstäblichen Spielbretts: Die einzelnen fertigen oder skizzierten Moves werden auf verschiedenfarbige Blätter geschrieben und auf dem Boden ausgebreitet. Durch das Verschieben verändert sich die Struktur des Ganzen, einzelne Moves bekommen durch neue Nachbarschaft einen anderen Charakter, außerdem werden Leerstellen deutlich, aus denen Schreibanlässe gewonnen werden können.

4.2.2 Mehr Moves

Um mit der Structure arbeiten zu können, brauchen Sie Material, also verschiedene Moves. Wenn Sie außer einem einzelnen Move noch nichts weiter haben, kann es hilfreich sein, noch einmal zu den Anfängen zurückzukehren und ein paar Schreibübungen zu machen, allerdings etwas zielgerichteter. Dazu kann eine Klärung notwendig sein.

 Identifizieren Sie Inhalt, Thema und/oder Bezugsrahmen der Textpassage, die Sie verwenden möchten. Schreiben Sie sie auf – das zwingt

---

160 Nicol (2005), 108–113.
161 Nicol/Deeg (2013), 81 f.

zur Klarheit. Schreiben Sie zu einem der Aspekte zehn Minuten lang assoziativ. Überprüfen Sie dann, ob Sie etwas von dem hier entstandenen Material weiter nutzen wollen.

Es kann sein, dass Ihr erster Move (der nicht am Anfang des fertigen Textes stehen muss) zu mehreren Themen passt, gerade dann, wenn er aus freiem Schreiben heraus entstanden ist. Das gibt Ihnen im Folgenden mehr Spielraum, allerdings sollten Sie sich irgendwann für ein Thema entscheiden.

Schreiben Sie eine Variation Ihres Moves, bei der Sie Thema und Inhalt
beibehalten, aber den Bezugsrahmen verändern.

Mit Überschriften und Zitaten arbeiten

Bei Preacher-Slams wird oft eine ungefähre Themenvorgabe gemacht, meist in Form eines mehr oder weniger *catchy* Slogans, der gleichzeitig Veranstaltungstitel ist. Auch »besondere Gottesdienste« haben oft einen Titel. Besteht dieser aus einem einzelnen Wort oder einem Wortspiel (*Machtworte/Macht Worte!* ist ein Dauerbrenner) lohnt es sich, zunächst auf einer rein semantischen oder phonetischen Ebene damit zu experimentieren, zum Beispiel durch Reime. Dabei können bereits Inhalte und Bezugsrahmen auftauchen, mit denen sich weiterarbeiten lässt.

Stichwort »Machtworte«: Reimen Sie wild drauflos. Wenn Sie ein paar Reime gefunden haben, überlegen Sie, mit welchen Sie weiterarbeiten wollen. Wenn Sie einfach weiterspielen wollen, schreiben Sie kurze Sequenzen um die Reimworte herum. Machen Sie dann mit dem nächsten Schritt weiter. Wenn Sie stärker strukturiert weiterarbeiten wollen, fangen Sie damit an: Lassen sich einige Ihrer Ergebnisse auf einen gemeinsamen inhaltlichen oder thematischen Nenner bringen? Wenn ja, wie könnte dieser lauten? Welche Bezugsrahmen liegen nahe?

Eine andere Möglichkeit ist es, sich die titelgebenden Ideen, Konzepte oder Gegenstände bildlich vorzustellen: Wo sind sie anzutreffen? Woran erkennt man sie? Was macht sie aus, was bewirken sie, wer begegnet ihnen oder hat mit ihnen zu tun? In welchen Situationen könnte man sie gebrauchen? Gibt es biblische oder dogmatische Bezugspunkte?

! Ein Preacher-Slam im Bergischen hatte den Titel *Engelszungen*. Spinnen Sie damit ein bisschen herum.

Wenn der Titel ein erkennbares Zitat oder als solches verwendbar ist, haben Sie mehrere Möglichkeiten: Wenn es allgemein bekannt ist, kann es sich lohnen, mit Verfremdungen zu arbeiten und Variationen zu suchen (s. Kap. 2.8). Überlegen Sie sich: Warum hat der Urheber oder die Urheberin dieses Zitat so *nicht* gesagt? Was würde sich für uns verändern, wenn er oder sie es so gesagt hätte? Sie können das Zitat anderen Leuten in den Mund legen. Ob daraus ein lustiger oder ernster Text wird, entscheidet sich vor allem am Bezugsrahmen. Oder Sie verändern den Kontext, in dem die Urheberin den berühmten Satz sagt.

! »Hier stehe ich, ich kann nicht anders!« Legen Sie dieses Luther zugeschriebene Zitat verschiedenen Figuren in den Mund, denken Sie sich dabei kleine Szenen aus: eine ältere Frau, die mit einem Koffer in der Hand im Flur vor ihrem Mann steht; eine Teilnehmerin auf einer Demonstration; eine Maus auf dem Katzenklo. Was auch immer.

Besteht das Zitat aus zwei deutlich erkennbaren Teilen, können Sie diese Einheit aufbrechen und damit arbeiten.

✎ Nehmen Sie ein bekanntes zweiteiliges Zitat. Der erste Teil (»Hier stehe ich ...«) ist der erste Satz Ihres Textes, der zweite Teil (»... ich kann nicht anders«) der letzte. Schreiben Sie einen Text darüber, wie Ihre Haupt- oder Erzählerfigur von A nach B kommt.

Mit Kehrversen arbeiten

Wenn Sie noch keinen vollständigen Move haben, aber einen Satz, vielleicht sogar einen Zweizeiler, überlegen Sie sich, ob dieser als Kehrvers funktioniert. Vielleicht müssen Sie ihn ein wenig umformulieren, damit er rhythmisch klingt – probieren Sie es einfach aus. Die Moves dazwischen sind dann wie die Strophen eines Liedes.

Einen Fahrplan entwerfen

Bislang ging es in diesem Unterkapitel vor allem um *Bottom-Up*-Strategien, die der Materialbeschaffung dienten. Wenn Sie einige Moves beisammenhaben, können Sie das Textganze in den Blick nehmen. Spätestens dann sollte die Intention klar werden.

Lesen Sie Ihre Moves noch einmal durch. Klären Sie Inhalt und Thema und Ihre Haltung, die darin erkennbar wird. Überlegen Sie dann, welche Intention ein Text haben könnte, in dem diese Moves vorkommen – das können durchaus mehrere sein, spielen Sie verschiedene Möglichkeiten durch. Seien Sie bei der Ausformulierung Ihrer Intention möglichst konkret: Wie soll ein Zuhörer, eine Zuhörerin sich nach dem Hören des Textes fühlen, welche Fragen soll er oder sie sich stellen?

Wenn die Intention des Gesamttextes geklärt ist, wird auch deutlicher, an welcher Stelle die einzelnen Moves stehen können: Beinhaltet ein Move eine Problemanzeige und gehört damit eher an den Anfang? Steckt in einer Passage Ihre persönliche Antwort auf die Frage, die dem Text zugrunde liegt? Dann passt er vielleicht ganz gut ans Ende. So kristallisiert sich ein Fahrplan heraus, in dem die noch zu füllenden Leerstellen sichtbar werden.

4.2.3 Übergänge gestalten

Für die Verbindung verschiedener Moves zu einem Textganzen stehen Ihnen viele Möglichkeiten zur Verfügung. Die vielleicht einfachste ist, die Moves mehr oder weniger unverbunden hintereinander zu stellen – diese *Collagetechnik* wird in vielen modernen Filmen, die im Episodenstil gedreht sind, verwendet. Je kürzer die Moves, desto schneller die Schnitte, Sie haben hier also Einfluss auf das Tempo des Textes. Dabei sollten Sie im Kopf behalten, dass die Hör- und Sehgewohnheiten unterschiedlich sind: Bei einem älteren Publikum ist es erfahrungsgemäß besser, mit längeren Moves zu arbeiten. Beim sogenannten *Jump-Cut*[162] folgen die Moves ohne jegliche Überleitung direkt aufeinander. Bei einem *Dissolve* schieben sich die verschiedenen Bilder langsam ineinander, der Über-

---

162 Vgl. zum Folgenden Nicol/Deeg (2013), 102 ff.

gang zweier Szenen ist fließend. Eine Verlangsamung erreichen Sie durch den Einsatz von *Regiebemerkungen:* Das können, ähnlich wie Zwischentitel im Film, kurze Hinweise auf das Setting sein oder eine dem Move vorgeschaltete Überschrift. Möglich ist neben dem weiter oben beschriebenen Kehrvers auch der Einsatz einer *Rahmenhandlung* – das bietet sich vor allem bei Moves an, die einen ähnlichen Bezugsrahmen haben. Es versteht sich von selbst, dass die Rahmenhandlung als eigener Arbeitsschritt nach den Regeln guten Erzählens (s. Kap. 2.7) gestaltet werden muss.

5 Die Performance

5.1 Die Bedeutung der Performance für Poetry-Slam und Predigt

Es ist ein offenes Geheimnis in der Slam-Szene, dass eine starke Performance, die die Zuhörenden (und Zuschauenden!) bewegt und berührt, auch einen sprachlich oder inhaltlich schwächeren Text nach vorn bringen kann – und dass umgekehrt ein starker Text aufgrund einer kraftlosen Performance untergehen kann. Auch für die Predigt spielt die Performance eine entscheidende Rolle, allerdings ist dieser performative Aspekt der Homiletik noch vergleichsweise wenig betrachtet worden[163] und wird vielleicht noch weniger regelmäßig in der Praxis umgesetzt. Womöglich hängt das wiederum zusammen mit traditionellen Vorbehalten gegenüber einer befürchteten Effektheischerei, einem unangemessenen Sich-Zurschaustellen des Predigers oder der Predigerin, der Angst vor Ablenkung von Gottes Wort oder vor Manipulation. All das schlug sich schon in den homiletischen Debatten um die Rhetorik nieder, die in dem Satz gipfelten, das alles sei fremdes Feuer auf Gottes Altären. Natürlich lässt sich keines dieser Risiken kategorisch ausschließen. Natürlich gibt es auch ein Zuviel an Rhetorik und Performance. Diesen Aspekt jedoch gänzlich unbeachtet zu lassen, führt nicht nur zu vertanen Chancen, sondern auch zur theologischen Verflachung von Theorie und Praxis:

> Die Perspektive der Performanz lehrt, dass sich das Evangelium leibhaftig ereignet in der Kommunikation von Menschen, die in ihrem Leib sind. […] Sie regt die Predigenden an, sich anrühren zu lassen von der Gabe des Leibes, der ein Geschenk Gottes ist und noch in seiner Gebrochenheit die Schönheit Gottes und seine Liebe widerspiegelt. […] Sie weist darauf hin, dass sich alles wechselseitig beeinflusst und lehrt wahrzunehmen, dass Sprache andere bewegen kann und zeigt auf, was dafür nötig ist.«[164]

---

163 Vgl. Rinn (2016), 184–188.
164 Rinn (2016), 187 f.

5.2 Energie und Performance

Wenn vom Spiel die Rede ist, dann ist automatisch auch von Energie die Rede, es geht um »freiwerdende Kräfte im Prozeß des Spiels«[165], die innere und oft äußerlich wahrnehmbare Bewegungen in Gang setzen. Beim Spiel mit dem Publikum entlädt sich dies in Stimmungen, die fast mit Händen zu greifen und für die Bewertung einer erlebten Performance von entscheidender Bedeutung sind. Jedem und jeder dürften solche Situationen im Guten wie im Schlechten bekannt sein: Man erlebt einen Vortrag, bei dem der buchstäbliche Funke in Sekundenschnelle überspringt und im ganzen Saal die Stimmung zum Kochen bringt. Oder man sitzt in einem Gottesdienst, bei dem die Unsicherheit oder die lieblose Routine der Ausführenden sich wie Kleister über alle Anwesenden ergießt, sodass der einzige erlösende Moment der Schlussakkord des Orgelnachspiels ist. Gelingen dagegen Aufbau und Übertragung positiver, schöpferischer Energie, dann erfüllt die Predigt ihren biblischen Auftrag, zu binden und zu lösen. Natürlich behält der Gottesdienst immer einen Restcharakter des Unverfügbaren. Aber wie schon beim kreativen Schreibprozess, so gilt es auch beim Vortrag des Geschriebenen darum, den energetischen Potenzialen nicht unnötig im Weg zu stehen. Das geht leichter, wenn man weiß, was man tut.

5.2.1 Primal Patterns: Thrust, Hang, Shape und Swing

Was bislang etwas diffus mit »Energie« beschrieben wurde, ist dank neurobiologischer, kulturanthropologischer und praktisch-theologischer Forschung der letzten Jahrzehnte greifbarer geworden. Von der US-amerikanischen Liturgiewissenschaftlerin Marcia McFee stammt ein Konzept, das auf kinästhetischen Beobachtungen aufbaut und sich besonders für die Vorbereitung einer Performance (ob im Gottesdienst oder auf der Slam-Bühne) eignet: Die *Primal Pattern Theory*, also die Theorie von dynamischen Ur-Mustern.[166] McFee unterscheidet dabei zwischen vier grundlegenden Energie-

---

165 Wolf-Withöft (2002), 28.
166 Vgl. zum Folgenden McFee (2005), 146–184; Bieler (2006), bes. 278–282; Dies (2008), 216 ff. Das Konzept wird mittlerweile auch im Management-Training eingesetzt, vgl. Whiteshaw/Wetzig (2007).

dynamiken (*Thrust, Hang, Shape* und *Swing*), die unser gesamtes Leben prägen und sich bestimmten Predigtstilen, Gottesbildern, wahrscheinlich auch Redeintentionen und vielleicht sogar gemeindlichen Milieus zuordnen lassen:

Thrust meint eine vorwärtstreibende, ballistische Schub- oder Stoßkraft, die in Bewegung setzt. Es ist eine Grunddynamik im US-amerikanischen *Black Preaching,* wenn beim Singen von *We Are Marching in the Light of God* oder, in gänzlich anderen Welten und Zeiten, von *Ein feste Burg ist unser Gott* oder der Hugenotten-Marseillaise (EG 281) die Grenzen zwischen Gottesdienst und Bürgerrechtsdemonstration verschwimmen. Das Beispiel schlechthin ist Martin Luther Kings berühmte Rede beim Marsch auf Washington am 28. August 1963 (»I Have a Dream«), ein Beispiel aus dem Poetry-Slam bietet Sebastian Butte (»Es kann doch nicht sein!«) stellvertretend für viele Texte, in denen mit hoher Emotionalität Sozialkritik geübt wird. In den Kategorien der klassischen Rhetorik (s. Kap. 1) entspricht *Thrust* dem *movere,* häufige biblische Themen sind der Exodus oder bestimmte Partien alttestamentlicher Prophetie. Musikalisch äußert sich diese Dynamik in energiegeladenen Uptempo-Nummern verschiedenster Genres, von den krachenden Ensembleszenen in Verdi-Opern über Flamenco, Marschmusik, schmetternden Gospel bis hin zu voluminösen Heavy-, Speed- oder Power-Metal-Hymnen.

Mit *Hang* wird eine ausgesprochen ruhige, entspannte, fließende Energiedynamik bezeichnet, die sich in zeitlich ausgedehnten, zirkulären oder repetitiven Ritualen aufbaut – sofern sie sich nicht ohnehin auf bewusstes, ziel- und zweckfreies Nichtstun richtet. Wer nach dem *Hang* sucht, wird gern Pachelbel, Taizé-Gesänge, Simon and Garfunkel, Enya oder Trance hören und poetische Slam-Texte hoch bewerten, die ruhig, melodiös, fast beschwörerisch und unironisch vorgetragen und von keinem Applaus unterbrochen werden – viele der Texte von Julia Engelmann oder aus dem U20-Bereich sind von dieser Dynamik getragen, also solche Beiträge, die stark von der Introspektion leben. *Flow, Slow, hygge* sind moderne Zauberworte des *Hangs* und an lyrische, ruhige Psalmen und Geschichten wie die von Elija unterm Wacholder (1Kön 19) anschlussfähig. Rhetorisch entspricht dem wieder das *movere,* die Dynamik ist dabei gänzlich anders ausgerichtet: Statt nach vorn und damit nach außen führt sie nach innen.

Shape bezeichnet diejenige Energiedynamik, die auf planvolle Struktur, geordnete Formen und sorgfältig orchestrierte Bewegungen abzielt. Klassische agendarische Gottesdienste mit klarer zeitlicher und räumlicher Abgrenzung, geregelter Leitung und festem Ablauf führen in eine solche Dynamik hinein, mehr noch die strengen, schnörkellosen Rituale verschiedener mystischer Strömungen (Zen, ignatianische oder benediktinische Exerzitien). Aus einer Milieuperspektive entspricht diese Form wohl am ehesten den Hochkulturellen, Zurückgezogene werden womöglich durch die Überschaubarkeit angesprochen. Musikalisch wird die *Shape*-Dynamik in Ballett, klassischer Kirchenmusik, eingängiger Popmusik ohne große rhythmische Brechungen oder stimmliche Extreme verwirklicht. *Shape*-Texte sind intellektuell ansprechend, inhaltlich und sprachlich klar strukturiert, dabei nicht ohne Anspruch – ob Vollblut-*Shaper* wirklich freiwillig zu Poetry-Slams gehen, sei dahingestellt. Besonders laut applaudieren würden sie vielleicht bei Theresa Sperling oder Kaleb Erdmann, also bei Slam-Poetinnen mit klarem Bildungsauftrag und wohlgeordneter Sprache – im Vordergrund dieser Dynamik steht das *docere,* bei Predigten schlägt es sich auch im Gottesbild einer ordnenden Schöpferkraft nieder.

Die vierte Dynamik nennt McFee *Swing.* Der Name ist auch hier Programm: Gemeint ist eine energetische Bewegung, die rhythmisch von einem Zentrum nach außen drängt und damit stark auf Spiel, Interaktion und Gemeinschaft ausgerichtet ist. Im Gottesdienst entfaltet sich diese Energie in den Momenten zwischenmenschlicher Kommunikation, beim Friedensgruß, beim Abendmahl, bei Aktionen, die den sozialen Körper in Bewegung setzen. Von dieser Dynamik getragen ist alle durch die Jahrhunderte hinweg tanzbare Musik, vom Wiener Walzer über Swing und Jazz allgemein bis hin zu Dancehall und Bauchtanz. Klassisch-rhetorisch gesprochen sind wir hier beim *delectare,* es geht um Spaß, Freude und positive Anteilnahme.

Die genannten Energiedynamiken spielen insgesamt eine Rolle in unserem Leben, ein Gottesdienst kann davon profitieren, wenn er polyenergetisch gestaltet ist. Trotzdem neigen wir sozialisationsbedingt zu einer bestimmten Dynamik.

Lesen Sie die obigen Beschreibungen noch einmal durch. In welcher finden Sie sich am ehesten wieder? Diese Grunddynamik wird auch Ihr Predigen prägen. Eine Predigt kann, je nach Intention, auch anders energetisch geprägt sein, als das Ihrem Grundtyp entspricht.

Zur weiteren Arbeit ist es hilfreich, wenn Sie Ihren Text zunächst im Primal-Pattern-Koordinatensystem verorten. Beginnen Sie mit der Intention Ihrer Predigt oder Ihres Textes: Wollen Sie bewegen? Wenn ja: In welche Richtung, nach vorn oder nach innen? Wollen Sie informieren oder belehren oder unterhalten? Damit dürfte die Entscheidung leichter fallen, ob Sie eher Thrust-, Hang-, Shape- oder Swing-Energie aufbauen und übertragen wollen.

5.2.2 Übungen zum Eingrooven

In den folgenden Übungen geht es darum, sich »einzugrooven«, also in eine dem beabsichtigten Energiefluss entsprechende Grundspannung zu wechseln. Für alle Übungen brauchen Sie Musik – stellen Sie sich eine Playlist mit passender Musik Ihrer Wahl zusammen oder legen Sie eine CD ein. Ein Raum, in dem Sie unbeobachtet und ungehört bleiben, ist sinnvoll, um keine falsche Scham aufkommen zu lassen. Sie brauchen auch einen guten Stand. Der hilft Ihnen, in der Balance zu bleiben und gibt Ihnen mehr Bewegungsfreiheit im Oberkörper.

Stellen Sie sich hin. Die Füße sollten etwa hüftbreit auseinanderstehen. Vermeiden Sie unnötige Spannungen, indem Sie weder die Gesäßmuskeln anspannen noch die Knie komplett durchdrücken. Wippen Sie ein wenig nach vorn und hinten, indem Sie sich abwechselnd stärker auf Fußballen und Fersen stellen. Lassen Sie diese Pendelbewegung langsam ausklingen, so verlagert sich der Körperschwerpunkt automatisch zur Mitte. Wiederholen Sie diese Übung, so oft und wo Sie nur können – sie wird Ihnen bei jeder Gelegenheit, bei der Sie im Stehen sprechen, eine Hilfe sein.

Nehmen Sie sich für die nachfolgenden Übungen[167] mindestens fünf Minuten Zeit. Entscheiden Sie sich, welche Energiedynamik

---

167 Einige Einzelteile sind inspiriert von Wenton-Henry/Porter (2016).

Sie entfalten wollen – an einem späteren Punkt können Sie noch einmal zurückrudern, müssen dann aber wieder hier beginnen. Wenn Sie sicher sind, welche Energiedynamik die Ihrem Text entsprechende ist, wiederholen Sie die dazu passende Übung täglich, bis zum Predigtsonntag oder bis zum Auftritt. Wenn Sie einen festen Soundtrack nutzen, schaffen Sie mit der Zeit eine Art Pawlow'schen Reflex, mit dessen Hilfe Sie Ihr körperliches Erinnerungsvermögen (so etwas gibt es) auch dann aktivieren können, wenn sie ihn beim Weg auf die Kanzel im Kopf abspielen lassen und dadurch in Stimmung kommen.

Lesen Sie Ihren Text unmittelbar nach der Übung noch einmal laut. Natürlich im Stehen, vorzugsweise vor einem Lesepult oder Notenständer, sodass die Hände frei bleiben. Vielleicht sogar mit ein bisschen passender Musik im Hintergrund. Es kann sein, dass Ihnen Passagen auffallen, die aus energetischer Sicht stören. Ein *Thrust*-Text braucht vielleicht mehr Ausrufezeichen, eine *Hang*-Meditation mehr Zeit, eine *Shape*-Predigt mehr Struktur und Klarheit.

THRUST-Energie

! Machen Sie die Musik an. Gern etwas lauter. Suchen Sie sich einen Platz im Raum, an dem Sie Bewegungsfreiheit haben. Bewegen Sie sich zuerst ganz frei zur Musik, beginnen Sie mit den Beinen und arbeiten Sie sich langsam hoch: Nehmen Sie die Arme hinzu und dann den ganzen Oberkörper. Wenn das läuft, bewegen Sie sich von Ihrem ursprünglichen Standpunkt weg und tanzen Sie ein wenig durch den Raum, ohne sich dabei zu viel zu drehen – der Thrust drängt nach vorn.

Machen Sie einige Bewegungen, die der Schubkraft dieser Dynamik entsprechen: Marschieren Sie auf der Stelle. Schicken Sie imaginäre Energiebündel in verschiedene Richtungen, indem Sie die Handflächen oder Fäuste kontrolliert nach vorn stoßen. Tun Sie so, als ob Sie aus einem Eimer Farbe an die Wand werfen. Schließlich: Geben Sie zwanzig Sekunden alles, was Sie haben, und bedrängen Sie einen imaginären Gegner mit Ihren besten Pseudo-Karatehieben oder -tritten, natürlich mit begleitenden Kampfschreien.

Thrust-Energie ist nicht nur für eine entsprechende Predigt hilfreich, sie kann auch bestimmte Aspekte des Gottesdienstes prägen,

z. B. den Segen, wenn hier ein deutlicher Akzent auf die Sendung gelegt wird, oder die Fürbitte, wenn sie im wörtlichen Sinne der *Intercession* als »Dazwischengehen« und leidenschaftliches Eintreten für die Belange anderer Menschen bei Gott gestaltet ist (vgl. Gen 18,17–33). Damit steht freilich die gesamte gottesdienstliche Dramaturgie zur Disposition bis hin zu der Frage, welches Lied dem »Eingrooven« aller Beteiligten dienen kann.

Shape-Energie
Schalten Sie die Musik ein (zur Erinnerung: Ballett, klassische Kirchenlieder und Ähnliches). Achten Sie auf einen guten Stand, lassen Sie den Oberkörper ein wenig zusammensacken und den Kopf hängen. Stellen Sie sich dann vor, Sie wären eine Puppe, die an einem Faden hängt, der durch den Kopf und den ganzen Oberkörper durchgeht. Tun Sie so, als ob jemand langsam an diesem Faden zieht, richten Sie sich im Takt der Musik langsam auf, bis der ganze Oberkörper gerade ist. Heben Sie zuletzt den Kopf, bis Sie geradeaus schauen.

Zeichnen Sie mit den Armen geometrische Formen und Muster in die Luft, ideal sind eckige Umrisse mit klaren Linien. Passen Sie Ihren Atem und Ihre Bewegungen der Musik an – Shape drängt zur Struktur. Gehen Sie ein paar Schritte nach vorn und wieder zurück. Wenn die Musik und Ihre Stimmung es hergeben, machen Sie ein paar Tanzschritte auf einem gedachten Quadrat auf dem Boden, halten Sie dabei den Oberkörper gerade und kehren Sie dabei jedes Mal wieder zu Ihrem Ausgangspunkt zurück. Genießen die Ordnung und die Struktur, die die Übung Ihrem Körper und Ihrer Wahrnehmung gibt. Kehren Sie kurz vor Schluss der Übung ein letztes Mal zu Ihrem Ausgangspunkt zurück, gehen Sie, wenn nötig, wieder in einen aufrechten Stand und atmen Sie eine Minute ruhig und tief auf den Takt der Musik. Wenn Sie ohnehin mit Zen oder Exerzitien unterwegs sind, können Ihnen auch solche Übungen helfen.

Die ordnende Spannung des *Shape* trägt jenseits der Predigt weite Teile des klassischen agendarischen Gottesdienstes. Sie ist dort besonders hilfreich, wo die Situation nach Ruhe und Struktur verlangt, etwa im Eingangsteil einer Beerdigung mit aufgewühlter Gemeinde oder wenn in einem besonders lebhaften Setting Momente der Stille eingeleitet werden sollen.

Hang-Energie

! Machen Sie die Musik an, Taizé oder anderes Meditatives, ruhige Musik mit vielen Wiederholungen und gleichmäßigem Rhythmus. Suchen Sie sich einen Platz im Raum, an dem Sie Bewegungsfreiheit haben. Bewegen Sie sich zuerst ganz frei zur Musik, beginnen Sie mit den Beinen und arbeiten Sie sich langsam hoch: Nehmen Sie die Arme hinzu und dann den ganzen Oberkörper. Wenn Sie geradestehen, wiegen Sie sich im Takt der Musik. Legen Sie die Hände locker ineinander und führen Sie sie vor Ihren Solarplexus.

Breiten Sie die Arme aus. Die Handflächen weisen nach oben. Heben Sie in einer fließenden Bewegung die Arme, als wollten Sie die Sonne umarmen. Führen Sie die Hände über Ihrem Kopf zusammen, stellen Sie sich vor, wie warmes Sonnenlicht über Sie fließt. Folgen Sie mit den Händen dieser Bewegung, bis die Arme locker an den Seiten herunterhängen. Nehmen Sie die Hände wieder zur Körpermitte, wiegen Sie sich kurz im Rhythmus der Musik. Zeichnen Sie mehrmals hintereinander eine liegende Acht – *Hang* lebt aus der quasi unendlichen Wiederholung. Werden Sie zunächst größer in Ihren Bewegungen, dann wieder kleiner, bis die Hände wieder locker aufeinander vor der Körpermitte liegen.

Hang-Energie ist überall dort sinnvoll, wo Sie eine Art Trance bei Ihren Zuhörenden bewirken wollen. Das kann die Hinführung zu einer Meditation oder Fantasiereise sein, auch viele Lobpreis-Partien in entsprechenden Gottesdiensten leben von dieser Dynamik.

Swing-Energie

! Machen Sie die Musik an, irgendetwas mit positiver Grundstimmung und lebhaftem Rhythmus. Suchen Sie sich einen Platz im Raum, an dem Sie Bewegungsfreiheit haben. Bleiben Sie zunächst auf der Stelle stehen. Schütteln Sie Arme und Beine aus, nicken Sie im Takt der Musik mit dem Kopf, wippen Sie mit einem Fuß, nehmen Sie weitere Körperteile hinzu, bis Ihr ganzer Leib von der Musik ergriffen ist. Singen Sie gern aus voller Kehle mit, folgen Sie Mark Twains Lebensregel: Tanzen Sie, als ob Ihnen niemand zusähe, und singen Sie, als ob Ihnen niemand zuhörte. *Swing*-Energie drängt nach außen – bewegen Sie sich von der Stelle, fordern Sie imaginäre Partner zum Tanz auf, drehen Sie ein paar Pirouetten. Dirigieren Sie die Musik, geben Sie Einsätze.

Swing-Energie ist vor allem dort relevant, wo Sie die Interaktionsbereitschaft der Gemeinde fördern wollen.

5.3 Einen guten ersten Eindruck machen

Die ersten Sekunden bei einem Slam-Auftritt werden nicht zur Auftrittszeit gerechnet, den Auftretenden wird die Möglichkeit einer eigenen Anmoderation (nachdem der Slam-Master schon Namen, Herkunftsort und ggf. Stationen der Slam-Karriere genannt hat) gewährt. Die Poetinnen nutzen diese Zeit in der Regel für eine kurze Hinführung zum Text, wenn sie seinen Entstehungsanlass erläutern, zu einer ersten Interaktion mit dem Publikum, indem durch Nachfragen eine Beziehung zu Text oder Vortragendem hergestellt wird, oder zu etwas, was man in gut biblischer Tradition als *captatio benevolentiae* bezeichnen könnte, also als »Erheischen des Wohlwollens«. So etwas ist Bestandteil vieler antiker Briefe, auch des Neuen Testaments: Die Lesenden werden direkt oder indirekt gebeten, das Geschriebene freundlich anzunehmen. Bei Slams kann dies zum Beispiel mittels einer ersten Pointe geschehen oder in Form eines milieutypischen Understatements, etwa indem die Poetin sich zu ihrer eigenen Nervosität bekennt oder ihren Respekt vor den Leistungen ihrer Vorredner zum Ausdruck bringt. Solche Einstimmungen oder Umstimmungen können auch dann notwendig sein, wenn auf einen lustigen nun ein anspruchsvoll-nachdenklicher Text folgen soll, auf den das Publikum sich einlassen muss.

Es gibt Slammer, die diese Konventionen bewusst konterkarieren, dazu gehören etwa Hazel Brugger aus Zürich und Nico Semsrott aus Hamburg, die besonders mit zynischem Humor arbeiten.[168] Von Letzterem stammt die atypische und deswegen besonders wirkungsvolle Eröffnung: »Neurologen haben herausgefunden, dass das menschliche Gehirn den ersten Satz eines Vortrags gar nicht verarbeiten kann ... Ihr Penner!« Besonders bei ihnen wird deutlich, dass die Anmoderation auch der Einführung einer Kunstfigur, der Bekanntschaft mit der Bühnenpersönlichkeit dienen kann – nicht

---

168 Vgl. Hedayati-Aliabadi (2017), 49.

alle Slam-Poetinnen, insbesondere nicht die Comedians, beugen sich dem ansonsten allgegenwärtigen Authentizitätsdiktat.

! Schauen Sie sich im Internet einige Slam-Videos an. Achten Sie auf die ersten Sekunden, auf den Text vor dem Text. Welche Arten der eigenen Anmoderation begegnen Ihnen, und wie wirken sie auf Sie?

Der erste Eindruck ist bekanntlich wichtig. Grund genug, bei der Vorbereitung ein paar Gedanken darauf zu verwenden und sich möglichst verschiedene *Opener* zurechtzulegen, statt darauf zu vertrauen, dass Ihnen in der angespannten Situation zu Anfang des Auftritts die richtigen Worte einfallen. Einen Fehler sollte man vermeiden: Entschuldigen Sie sich nicht für Ihren Text. Wenn Sie der Meinung sind, dass er es nicht wert ist, vorgetragen zu werden, dann sollten Sie das auch nicht tun. Aber das wird wahrscheinlich nicht der Fall sein, Sie haben ja einen fünf- bis siebenminütigen Text zustande gebracht, in dem es um irgendetwas geht, das Ihnen wichtig ist – das ist mehr, als die allermeisten im Publikum je tun werden. *Respect the poets* – diese eiserne Regel beim Slam gilt auch für die Poetinnen!

✍ Überlegen Sie sich einen Opener für Ihren Auftritt. Machen Sie sich dabei klar: Was wollen Sie beim Publikum erreichen: Sympathie? Einen ersten Lacher? Verständnis für Ihr Thema?

Auch, wenn Sie nicht vor einem Slam-Auftritt stehen, haben Sie genug Gelegenheiten, gelungene Eröffnungen auszuprobieren: Hauptberuflich Predigende sind, wenn sie in Gemeinden Leitungspositionen innehaben, meist die ersten Verdächtigen, wenn es um begrüßende oder einleitende Worte geht, ob zu Beginn einer Sitzung, bei der Adventsfeier der Senioren, bei der Vernissage einer Ausstellung im Gemeindehaus oder der Eröffnung des Kinderflohmarktes. Häufig werden solche Sprechakte unterschätzt im Blick auf die Chancen, die sich hier bieten: Indem Sie als Erste das Wort ergreifen, haben Sie die Möglichkeit, die Stimmung zu beeinflussen, einen klaren Anfang zu setzen und einen angemessenen Grundton anzuschlagen. Unterschätzen kann man sie auch im Blick auf die Anforderungen: Die Chancen führen Verantwortung mit sich, mindestens für redliche Vorbereitung: Was will ich sagen? Was will ich damit erreichen, welche energetischen Nerven will ich treffen? Dass das Reden, wenn solche Fragen nicht geklärt sind, gnadenlos schiefgehen kann, weiß jeder, der schon einmal quälend lange Grußworte und Begrüßungen über sich hat ergehen lassen.

Gönnen Sie sich einen Monat Gruß-und-Anfangs-Exerzitien: Formulieren Sie vier Wochen lang *jede* Begrüßung oder Eröffnung schriftlich aus, vom Willkommensgruß zum Anfang des Gottesdienstes über die ersten Sätze in der Frauenhilfe und der Bauausschusssitzung und ein paar besinnlichen Worte beim Geburtstagsbesuch bis hin zum Grußwort beim Grillfest des Sportvereins. Klären Sie für jeden Anlass Ihre Redeintention und die damit verbundene Energiedynamik. Freuen Sie sich darüber, dass Sie Ihren Zuhörerinnen und Zuhörern ein Geschenk machen dürfen. Werten Sie nach diesem Monat Ihre Erfahrungen damit aus: Hat sich etwas verändert? Hat jemand etwas bemerkt? Wie ging es Ihnen selbst damit? Was nehmen Sie aus dieser Erfahrung mit?

5.4 Tipps für den Vortrag[169]

Das Ideal für einen vorgetragenen Text ist die gesprochene Sprache im Alltag. Wenn alles gut läuft, hört man dem Text das Vorlesen nicht an. Die Natürlichkeit des Vortrags lässt sich vor allem durch zwei Faktoren verbessern: Sinngemäße *Betonung* und absichtsvolle *Pausen*.

In der Umgangssprache betonen wir pro Satz automatisch genau ein Wort. Damit machen wir unserem Gesprächspartner klar, was das Wichtige oder das Neue in einem Satz ist und ermöglichen ihm, unserem Gedankengang zu folgen. »Satz« meint hier nicht das Gebilde der Schriftsprache, das mit einem Großbuchstaben beginnt und mit einem Punkt endet, sondern eine kleinere Satzeinheit, die Sie in einem Atemzug durchsprechen und die die Zuhörenden ohne Nachdenken verarbeiten können – in der Praxis sind das ungefähr sechs bis dreizehn Wörter. Wenn Sie mehr als ein Wort pro Satz betonen, rutschen Sie nicht nur in einen eigentümlichen Singsang, son-

---

[169] Vgl. hierzu ausführlich Pyka (2018), 26–102.

dern machen auch das Zuhören schwierig, weil unklar bleibt, worum es geht. Das bedeutet: Wer betont, trifft Entscheidungen.

! Zerlegen Sie Ihren Text in sinnvolle Satzeinheiten. Markieren Sie pro Satz ein Wort, das Sie betonen wollen. In den meisten Fällen ergibt sich das von selbst, manchmal müssen Sie entscheiden: Auf welche (eine) Frage gibt der Satz eine Antwort?

Pausen erfüllen einen zweifachen Zweck: Die Vortragende hat die Gelegenheit zu atmen, die Zuhörenden können das Gehörte nachwirken lassen. Deutliche Pausen sollten daher an den Stellen gemacht werden, wo Sie einem Bild oder einem Gedanken mehr Zeit geben wollen. Vor einer solchen Nachdenkpause können Sie mit der Stimme runtergehen, damit klar ist, dass ein Gedankengang zu Ende ist. Wollen Sie hingegen die Spannung erhöhen, bleiben Sie mit der Stimme oben – das signalisiert Ihren Zuhörenden: Da kommt noch was! Satzzeichen dienen der optischen Strukturierung eines geschriebenen Textes, sie sind also keine Vortragszeichen. Vielleicht haben Sie in der Schule gelernt, dass man nach jedem Komma eine Pause macht. Wenn Sie einen Text einmal konsequent so lesen, werden Sie merken, dass das kein guter Rat ist.

Bei der Performance hilft Ihnen ein guter Stand (s. Kap. 5.2.2). Kurz vor dem Auftritt können Sie ein paar Übungen machen, um Ihre Sprechwerkzeuge zu aktivieren. Das gibt Ihnen das gute Gefühl, Ihre Performance beeinflussen zu können.

! Wenn Sie irgendwo Ruhe haben: Gähnen Sie herzhaft, gern laut und übertrieben. Wenn Sie Platz haben: Räkeln und strecken Sie sich dabei. – Summen Sie einen für Sie angenehmen Ton, gleiten Sie ein bisschen nach oben und unten, halten Sie sich dabei abwechselnd ein Nasenloch zu, klopfen Sie auf die wichtigsten Resonanzräume Ihres Körpers (Brust, Nebenhöhlen, Stirn). – In der letzten Minute vor Ihrem Auftritt: Tun Sie so, als ob Sie ein Lutschbonbon im Mund hätten. Lutschen und kauen Sie nach Herzenslust, bewegen Sie dabei den Mund überdeutlich. Wenn es um Sie herum laut ist, summen Sie dabei oder brummen Sie genüsslich.

6 Heiliges Spiel: Preacher-Slam, Gottesdienst und Predigt

6.1 Auf der Kanzel geht sowas nicht?

Manchmal hört man von Pfarrerinnen und Pfarrern nach einem Slam oder einem Workshop: »Das ist alles sehr schön ... aber im Sonntagsgottesdienst geht sowas ja nicht.« Fragt man nach dem Grund, werden meist (vermeintliche) Hörerwartungen der Kerngemeinde angeführt. Diese können sich auf *thematische und inhaltliche Aspekte* beziehen, derentwegen Slam-Beiträge sonntagshomiletisch disqualifiziert werden. Hier wäre im Einzelfall zu fragen und zu diskutieren, welche inhaltlich-thematischen Kriterien einer »richtigen« Predigt zugrunde liegen, die nicht auch für bestimmte Slam-Texte gelten könnten. Natürlich gibt es auch bei Preacher-Slams Beiträge, die nicht per se prädikabel sind, weil sie eine andere Intention verfolgen als die »schriftgebundene Ansage und Zusage der freien Gnade Gottes«[170] – wo sie dies jedoch tun, spricht zumindest theologisch nichts dagegen, sie auch auf die Kanzel zu bringen: »Poetry Slam verkündigt so gut wie die Kanzelrede.«[171]

Nochmal: Lassen Sie Ihren inneren Zensor zu Wort kommen. Schreiben Sie ein kleines Streitgespräch, in dem die Lust am Ausprobieren mit dem Unwohlsein gegenüber Veränderungen argumentiert. Wer gewinnt die Diskussion?

Daneben scheinen *formale Aspekte* eine wichtige, vielleicht sogar die entscheidende Rolle zu spielen: Im einfachsten Fall kann sich das auf die unterschiedliche Länge von Slam-Beiträgen und traditioneller Predigt beziehen, es scheint jedoch auch mehr oder weniger diffuse Erwartungen an den »Klang« einer Predigt zu geben –

---

170 Bukowski (2007), 126.
171 Krieg (2018), 99.

Otto[172], Anke Engelke[173], Jan-Philipp Zymny[174], Oliver Welke und Dietmar Wischmeyer[175] haben je eigene Ausprägungen typischer Kanzelsprache treffsicher parodiert.

Schreiben Sie eine Andacht zu einem Thema Ihrer Wahl – und parodieren Sie sich selbst. Hand aufs Herz: Auch Sie haben Lieblingsthemen, zu denen Sie immer wieder zurückkommen, typische Sprechmuster und Formulierungsvorlieben, Bilder, die Sie für besonders geeignet halten, Dichterinnen oder Schriftsteller, die Sie gern auf die Kanzel zitieren. Wenn Ihnen selbst nichts einfällt, fragen Sie eine Ihnen zugewandte Predigthörerin. Machen Sie von Ihren persönlichen Floskeln hemmungslosen Gebrauch, und lachen Sie herzhaft über sich selbst, bei aller Selbstdemütigung, die eine solche Übung abverlangt.

Dass bestimmte Predigtstile manchen Gemeindegliedern vertraut sind, macht sie noch lange nicht zum Maß aller Dinge – beim Predigthören wie beim Predigthalten dürfte der alte freudsche Grundsatz gelten: »Leiden ist einfacher als Handeln.« Dazu kommt: Das Setting des klassischen Sonntagsgottesdienstes (s. Kap. 6.5.2) wird das Seine dafür tun, Ihre homiletischen Eskapaden in gewissen Grenzen zu halten.

Wenn Ihnen wirklich unwohl dabei ist, erste slam-inspirierte Predigtexperimente im Sonntagsgottesdienst zu wagen, gibt es vielleicht Gelegenheiten, zu denen Ihnen das leichter fällt. Zum Beispiel bei *Ideen-* und *Kasualpredigten*.

6.2 Themapredigt vs. Ideenpredigt

Themapredigten sind Predigten, deren Inhalt und Aufriss nicht einem biblischen Text, sondern einem *Sachthema* folgen, was freilich nicht bedeutet, dass sie nicht an die Norm biblischer Überlieferung gebunden wären. Klassische Beispiele hierfür wären etwa dogmatische Lehrpredigten über theologische Themen wie »Sünde und Ver-

---

172 https://www.youtube.com/watch?v=MY83 lz2frIg – abgerufen 26.07.2018.
173 https://www.youtube.com/watch?v=I20IGPzZ5Qk – abgerufen 26.07.2018.
174 https://www.youtube.com/watch?v=yp5wUk38_mg – abgerufen 26.07.2018.
175 Welke/Wischmeyer (2013), 107–110.

gebung«, »Gesetz und Evangelium«, »Gnade« oder »Gerechtigkeit«. Beliebte Anlässe sind Kasualien (mit Themapredigten über »Taufe« oder »Konfirmation«) oder kirchliche Feiertage. Hochkonjunktur scheinen Themapredigten in den sog. »Gottesdiensten im Zweiten Programm« zu haben, die sich in der Tradition von Willow Creek an Suchende wenden. Hier soll die Lebensnähe der Verkündigung durch die Rückbindung an Lebensfragen abgesichert werden.

Das Risiko der Themapredigt liegt vor allem darin, dass sie, schon durch ihre Herkunft aus der Lehrpredigt und ihre philosophisch oder bildungskontextuell gefärbte Bezeichnung, dazu verführt, theologische Kurzvorlesungen zu halten. Dagegen ist an sich nichts einzuwenden, es gibt in vielen Gemeinden eine milieubedingte Hochschätzung katechetischer Predigten, und es gibt sicherlich auch immer Nachholbedarf an theologischer Bildung. Ein relevantes Thema allein garantiert aber noch keine ansprechende Predigt, allein die unzählbare Masse von Büchern, die *thematisch* sortierte Geschichtensammlungen bieten, deutet darauf hin, dass hier Defizite empfunden werden.

Um dieser Gefahr zu entgehen, schlage ich das Konzept einer *Ideenpredigt* statt einer Themapredigt vor.[176] Dabei folge ich Chris Anderson, dem Kurator der TED-Organisation, der »Idee« nicht in einem philosophischen Sinne, sondern sehr allgemein verwendet:

Es muss nicht um einen wissenschaftlichen Durchbruch gehen, eine geniale Erfindung oder eine komplexe Rechtstheorie. Es kann eine einfache Handlungsanweisung sein. Oder eine menschliche Einsicht, die anhand der Kraft einer Geschichte illustriert wird. Oder ein schönes Bild, das etwas bedeutet. Oder ein Ereignis, von dem Sie sich wünschen, dass es in der Zukunft einträfe. Oder vielleicht einfach nur eine Erinnerung daran, was im Leben wirklich zählt.

Eine Idee ist alles, das die Art, wie Menschen die Welt sehen, verändern kann. Wenn Sie eine überzeugende Vorstellung in den Köpfen Ihrer Zuhörer entstehen lassen können, haben Sie etwas Wunderbares geschafft. Sie haben ihnen ein Geschenk von unschätzbarem Wert gemacht. In einem sehr buchstäblichen Sinne ist ein kleines Stück von Ihnen zu einem Teil in Ihren Zuhörern geworden.[177]

Schnappen Sie sich Laptop oder Smartphone und gucken Sie sich bei ❗ Youtube drei, vier TED-Talks an. Mittlerweile gibt es auch sehr sorgfältig

---

176 Die Unterscheidung verdanke ich Felix Ritter (Amsterdam).
177 Anderson (2016), 12 f. (Übersetzung HP).

gemachte Untertitel. Starten Sie mit den meistgesehenen von Ken Robinson, Amy Cuddy, Simon Sinek und Brené Brown. Versuchen Sie zu rekapitulieren: Was war ihre *Idee?* Was haben die Vorträge bei Ihnen bewirkt?

Ideenpredigt bedeutet also als Alternative zur Themapredigt, dass Sie, statt möglichst umfassend über einen Begriff oder ein Konzept zu informieren, einen Aspekt daran, der Sie selbst besonders berührt, fasziniert oder beschäftigt, Ihrer Gemeinde zum Geschenk machen. Sie machen ihr das Angebot, sich in ein Geschehen verwickeln zu lassen. Das entlastet in quantitativer Hinsicht, weil Sie sich auf eine Idee konzentrieren können. Es macht die Sache zugleich anspruchsvoll, weil Sie selbst Stellung beziehen und etwas von sich zeigen.

✏ Sammeln Sie einige Stichworte, zu denen Sie bereits Themenpredigten gehalten haben oder höchstwahrscheinlich halten werden. Überlegen Sie zu jedem Stichwort: Was ist Ihnen persönlich das Wichtigste an diesem Thema? Welchen Gedanken, welche Erfahrung wollen Sie Ihrer Gemeinde zum Geschenk machen?

Bei TED-Vorträgen spielt die *Throughline* eine Rolle. Dieser Begriff stammt ursprünglich von dem russischen Theaterreformer Konstantin Stanislawski, er meinte damit den roten Faden, der sich durch alle Szenen einer Figur in einem Schauspiel zieht und viel über ihre inneren und äußeren Antriebskräfte verrät. In einem Vortrag kann die *Throughline* wie »eine starke Leine oder ein Seil« fungieren, »an der Sie alle Elemente, die zu der Idee, die Sie konstruieren, gehören, befestigen.«[178]

✏ Ihre *Throughline* sollte sich in maximal 15 Worten zusammenfassen lassen. Versuchen Sie es mit Ihren Ergebnissen aus der vorhergehenden Übung. Gelingt das nicht, ist die Idee wahrscheinlich zu komplex oder zu abstrakt.

Die *Throughline* kann als Kehrvers verwendet werden, das hilft bei der Strukturierung der Predigt und lässt ihre Kernaussage bei den Zuhörenden hängenbleiben. Dafür ist es sinnvoll, wenn sie sprach-

---

178 Anderson (2016), 12 f. (Übersetzung HP).

lich so strukturiert ist, dass sie gut memorierbar ist. Dabei spielt vor allem der Sprachrhythmus eine Rolle (s. Kap. 2.6.2).

Entscheiden Sie sich für ein Thema. Formulieren Sie Ihre *Throughline* so, dass sie flüssig zu sprechen ist. Achten Sie auf den Sprachklang im Allgemeinen und den Rhythmus im Besonderen. Erwägen Sie, ob Sie durch die Variation einer bekannten Wendung eine Pointe setzen können.

6.3 Kasualpredigten

Kasualpredigten, also Ansprachen bei Taufen, Konfirmationen, Trauungen und Bestattungen, aber auch bei öffentlichen Ereignissen (Eröffnung des städtischen Weihnachtsmarkts, Schulabschluss, Schützenfest) sind großartige Gelegenheiten: Sie haben Leute vor sich sitzen, die sonntags nicht in die Kirche kommen, und höchstwahrscheinlich sind die Erwartungen an die Predigten gering – Sie haben also viel Luft nach oben, um die Gemeinde positiv zu überraschen.

Biografiebezogene Kasualpredigten bieten den Vorteil, dass Sie sie mit den Betroffenen besprechen. Das bedeutet, Sie bekommen einen einmaligen Einblick in die Sprach- und Gedankenwelt der Menschen, denen Sie vom offenen Himmel erzählen sollen. Sie hören O-Töne, die Sie sammeln und mit denen Sie spielen können. Sie lernen die Erinnerungsorte des Familienlebens kennen, den Refrain ihrer Lebenslieder. Die Trauergemeinde will unbedingt *Muss i denn, muss i denn* auf der Beerdigung spielen, weil das nun einmal Omas Lieblingslied war? Dann dichten Sie doch ein paar Passagen um, vielleicht unter Verwendung von Hebr 13,14. Oder indem Sie die Perspektive umdrehen und aus der Sicht der buchstäblich Hinterbliebenen schreiben. Das wird nicht für die gesamte Ansprache reichen, zeigt aber, dass Sie Lebensgeschichten ernst nehmen. Bei Konfirmationspredigten haben Sie die seltene Gelegenheit, eine Kasualie zu gestalten, deren Hauptpersonen Sie über einen längeren Zeitraum begleiten konnten. Sie kennen ihre Vorlieben und Abneigungen, haben auf der Konfifreizeit bis zum Erbrechen ihre Lieblingslieder gehört (von denen Sie Formulierungen, Bilder oder gleich Rhythmus und Reimschema übernehmen können), haben mit ihnen etwas erlebt (was Ihnen einen breiten gemeinsamen Referenzrahmen bietet, wodurch vieles angedeutet bleiben kann). Außerdem sind Jugendliche offen für experimentellere Predigten, und wenn sich trotzdem jemand beschwert, dass das ja »keine richtige Predigt« war, können Sie sich immer noch damit entschuldigen, dass man sich ja auf die Jugend einstellen muss.

Bei der gottesdienstlichen Gestaltung öffentlicher Ereignisse müssen Sie solche Gelegenheiten zum Gespräch unter Umständen aktiv suchen. Es lohnt sich! Das folgende Beispiel stammt vom Gottesdienst eines Pfadfinderlagers.

Mein Weg geht nicht immer geradeaus.
Ich scher manchmal zur Seite aus,
bleibe an Blumen und Schaufenstern stehn
oder weiß einfach nicht, wie es weitergeht.
Ich stolper über Stock und Stein,
querfeldein,
fall manchmal rein und manchmal hin,
und weiß oft gar nicht, wo ich bin,
nur da, wo ich nicht sein soll.
Mein Weg geht nicht immer geradeaus,
eher querfeldein.
Man müsste Pfadfinder sein,
allzeit bereit, ich weiß nur nicht, wozu,
und fühl mich manchmal mehr
als wär ich Pfadverlierer.
Dann hock ich im Wald,
um mich rum nass und kalt,
und ich hoffe, dass da bald
jemand kommt und Halt! sagt
und ein Feuer macht aus dem, was hier liegt,
der aus Pflöcken und Planen ein Zelt zusammenkriegt. […]

Jesus sagt: Ich bin, wenn ihr wollt,
das Stockbrot des Lebens,
ich mach euch satt
und geb euch Kraft
für den Weg, der vor euch liegt.

Der führt nicht immer geradeaus,
der führt auch manchmal querfeldein.
Aber ich werde bei euch sein
und ihr sollt meine Pfadfinder sein.
Allzeit bereit, und ich frage: Wozu?
Und er sagt: Das wirst du schon sehn,
wenn wir, ich und du, zusammen durchs Leben gehn.

6.4 Problemanzeige: Nähe und Distanz

Bei den oben (s. Kap. 5.3) beschriebenen Arten der Selbstanmoderation im Poetry-Slam geht es darum, emotionale Nähe zum Publikum herzustellen. Von der Situation im Gottesdienst unterscheidet sich das diametral: Der oder die Predigende ist schon vor der Predigt häufig von einer ganzen Reihe verbaler und nonverbaler Distanzierungen umzäunt. Zu den optischen Abstandsmarkierungen gehören die liturgische Kleidung, die bekanntlich gerade den Zweck verfolgt, die Person des Predigers hinter dem Amt oder der liturgischen Funktion zurücktreten zu lassen (und die die Möglichkeiten körperlicher Performance stark einschränkt) und das buchstäbliche Sich-Verschanzen hinter einer Kanzel oder einem Lesepult. Auf einer Slam Bühne mit einzig einem dünnen Mikrofonständer sind die Auftretenden den Blicken des Publikums förmlich ausgeliefert, das sorgt für eine deutlich andere Atmosphäre. Mit sprachlichen Mitteln setzt sich das fort: Beim Slam wird betont, dass es sich um eigene Texte handelt, die Anmoderation als direkte und weniger geschliffene Ansprache des Publikums soll die Authentizität des Auftretenden unterstreichen. Zum Rollenverständnis vieler Prediger gehört es hingegen, den Auftritt bewusst nicht mit eigenen Worten zu eröffnen. So hört die Gemeinde zu Beginn den Kanzelgruß, ein standardisiertes Kanzelgebet oder den Predigttext.

Aus einer slam-geschulten Perspektive wäre darauf hinzuweisen, dass diese Distanzierungsmomente in ihrer Häufung gerade vor einer postmodernen und predigt-unerfahrenen Gemeinde, die die Glaubwürdigkeit einer Predigt eben nicht am demonstrativen Zurücktreten der predigenden Person festmachen, zu kommunikativen Störungen führen können.

! Reflektieren Sie Ihre eigene Predigtpraxis dahingehend, welche dieser genannten Distanzierungsmechanismen Sie regelmäßig verwenden: Wie begründen Sie sie im Einzelnen? Verzichten Sie probeweise auf diejenige Distanzierung, die Sie am wenigsten überzeugt. Was ändert sich für Sie selbst im Vollzug der Predigt? Tauschen Sie sich mit aufmerksamen Predigthörenden darüber aus: Ist ihnen diese Veränderung aufgefallen, wie haben sie sie empfunden?

6.5 Poesie und Liturgie

Die Frage, ob Poesie einen Ort in der Liturgie[179] haben kann oder soll, wird vom Gottesdienst selbst beantwortet: Sein Klangraum ist entscheidend mitkonstruiert durch lyrische Texte verschiedenster Epochen und Stilistik, vom Psalmgebet über vertonte Dichtungen im Kirchenlied bis hin zu geprägten Formeln, die aus der Alltagssprache längst ausgewandert sind. Poetische Sprache als der »Versuch, Wahrheit und Schönheit, Begriff und Bild, Intellekt und Emotion zusammen zu halten«[180], kann zu dem Material gehören, aus dem Sie die im gottesdienstlichen und damit öffentlichen Gebet nötigen und dabei immer morschen Brücken schlagen: zwischen Himmel und Erde, Vorbeterin und Gemeinde. Mit dem eben zitierten Definitionsvorschlag dürfte klar sein, dass es dabei nicht um möglichst wolkige Sprache oder religiösen Kitsch geht. Nochmal: Lyrische Sprache muss hochgradig präzise sein, weil sie in der formalen Begrenzung Assoziationsräume eröffnet. Im

Schwingungsraum werden die einer genau verdichteten Erfahrung zugehörigen, unspezifischen Assoziationen wirksam. Sie sorgen dafür, dass das im Augenblick des Formulierens notwendige und wahre poetische Wort ganz verschiedene Menschen in unterschiedlichen Situationen berühren kann, ohne dabei beliebig zu sein[181]

Um klingende Assoziationsräume zu eröffnen, benutzt Poesie bilderreiche Sprache – auch davon kann liturgisches Sprechen lernen: »Wir brauchen die Sprache der Bilder, weil die Inhalte, mit denen wir

---

179 Vgl. Winkler (2009); Chr. Lehnert (2013); Stock (2010).
180 Stock (2010), 13.
181 Winkler (2009), 387.

es zu tun haben, die Begriffe übersteigen.«[182] Dazu kommt: Nach dem *Evangelischen Gottesdienstbuch* soll der Gottesdienst den »ganzen Menschen [...] auch leiblich und sinnlich«[183] ansprechen. Das kann auch durch die sprachliche Gestaltung geschehen, wenn Sie Bilder verwenden, die in Ihren Zuhörenden sinnliche Assoziationen hervorrufen.

Stellen Sie sich einen Ort vor, an dem Sie sich absolut geborgen fühlen oder gefühlt haben. Beschreiben Sie ihn, seien Sie dabei möglichst konkret: Was haben Sie gehört, gerochen, geschmeckt? Verwenden Sie die Bilder für ein Gebet in Anschluss an Ps 34,8-10. Versuchen Sie, einen Rhythmus und Sprachklang zu finden, der zur Atmosphäre passt.

Die Besinnung auf notwendige Präzision fördert die Distanz zu klassischen Gebetsfloskeln: Die Anrede *(Anaklese)* »Lieber Gott« ist liturgisch schon lange nicht mehr stubenrein, weil »lieb« ebenso wie »nett« zu harmlos (und bekanntlich nur die kleine Schwester noch viel schlimmerer Dinge) ist, um Gott angemessen anzusprechen. Das oft gehörte und durch die Alliteration seltsame »guter Gott« ist aus ähnlichen Gründen problematisch – von einem schon in der Anrede kastrierten Ansprechpartner wird man wenig zu erwarten haben.

Legen Sie eine Sammlung mit göttlichen Attributen an. Also Aussagen darüber, wie oder was Gott ist, beziehungsweise, wie das häufig in der Bibel der Fall ist, darüber, was Gott tut. Formulieren Sie, davon ausgehend, Anreden, die ein Gebet eröffnen können.

6.5.1 Noch einmal: Spiritualität und Handwerk

Fulbert Steffensky hat einmal geschrieben:

Spiritualität ist Handwerk, sie besteht nicht aus der Genialität religiöser Sonderbegabungen. Man kann das Handwerk lernen, wie man kochen und nähen lernen kann. Aber jedes Handwerk kennt Regeln, und man hat nur Erfolg, wenn

---

182 Otto (1986), 126.
183 Evangelisches Gottesdienstbuch, 16.

man sich an diese Regeln hält. [...] Regeln und Methoden reinigen uns von der Zufälligkeit des Augenblicks und machen uns langfristig.[184]

📎 Schreiben Sie zehn Minuten lang assoziativ, d. h. ohne den Stift abzusetzen, zum Thema »Handwerk«. Machen Sie danach eine kurze Pause, nehmen Sie dann das Geschriebene noch einmal zur Hand: Welche Aspekte, die hier auftauchen, können Sie mit dem Thema Gebet verbinden? Vielleicht entstehen so auch Fragmente für eine Predigt zu Kol 4,2–6 oder für eine Ideenpredigt übers Beten.

Steffensky geht es dabei um die Pflege der eigenen Spiritualität, die für liturgische Profis mit ihrer Praxis öffentlichen Betens untrennbar verbunden ist. Eine lyrisch inspirierte Gebetspraxis kann dort wachsen, wo Liturginnen und Liturgen sich »sensibilisieren und begeistern [lassen] für die Strukturen und Möglichkeiten poetischer Sprache.«[185] Das setzt zunächst das absichtslose Unterwegssein in den Weiten klassischer und zeitgenössischer Lyrik voraus, um die Strukturen und Möglichkeiten überhaupt kennenzulernen. Dazu gehört auch die Auseinandersetzung mit den handwerklichen Regeln poetischer Sprache, die die Felder, auf denen Sie Ihre liturgisch-poetischen Versuche unternehmen, vergrößern. Kurzum: Es empfiehlt sich, poetische Exerzitien in den Alltag zu integrieren.

📎 Nehmen Sie eine Anthologie mit klassischer und moderner Literatur zur Hand und lesen Sie pro Tag ein Gedicht. Nehmen Sie sich Zeit dafür. Bleiben Sie gedanklich dort, wo Sie lyrische Schmerzpunkte spüren. Notieren Sie sich Wendungen, die Sie ansprechen, legen Sie sie weg und lassen Sie sich irgendwann von ihnen wiederfinden. Machen Sie dann ein Gebet daraus. – Schreiben Sie jeden Tag ein Gedicht ab, und schreiben Sie Losung und Lehrtext daneben. Suchen Sie nach Verbindungen. – Schreiben Sie jeden Tag ein Gedicht ab. Wenn der Text zu Ende ist, setzen Sie den Stift nicht ab, sondern schreiben Sie weiter.

---

184 Steffensky (2006), 20.
185 Winkler (2009), 388.

6.5.2 Kriterien für liturgische Sprache

Liturgie ist eine Sprachschule des Glaubens: Das öffentliche Gebet ist Vorbild für die Gemeinde – und Vehikel für Theologie. Einen eingängigen und vor allem in Deutschland gern zitierten Kriterienkatalog für gute liturgische Sprache hat die *Church of Scotland* in ihrem Gottesdienstbuch vorgelegt: Sie soll »einfach, frisch und relevant« sein, »nicht zu lehrhaft im Ton oder unwirklich im Ausdruck«.[186]

Einfach

Einfache Sprache ist bei Gebeten wichtig, weil es sich dabei um Texte handelt, die auf mündliche Wiedergabe und damit hörende Aufnahme abzielen. Die Richtlinien für *Leichte Sprache*[187] empfehlen unter anderem, kurze Hauptsätze zu verwenden und Konjunktive, unnötige Passivformulierungen, Fremdwörter und Abstrakta zu vermeiden. Das tut nicht nur der Verständlichkeit gut, hinter unnötig komplizierter Sprache verbergen sich manchmal theologische Verschwommenheiten.

Nehmen Sie einige von Ihnen geschriebene Gebete und sortieren Sie die zentralen Begriffe in Hayakawas *Stufen der Abstraktion* ein (s. Kap. 2.3). Versuchen Sie, abstrakte Konzepte durch konkrete Bilder zu ersetzen: Wenn es in einem Dank- oder Lobgebet um »Natur« oder »Schöpfung« geht, danken Sie für Holunder, Ameisen oder Entenküken. Wenn Sie hierfür Inspiration brauchen, gehen Sie nach draußen – dort lässt sich ein Schöpferlob ohnehin am besten schreiben.

Leichte oder einfache Sprache ist auch wichtig, weil ein Gebet beim ersten Hören verstanden können werden muss.

Übersetzen Sie die Gebete für Ihren nächsten Gottesdienst in eine Ihnen nur begrenzt vertraute Fremdsprache. Es ist ganz egal, welche. Das entscheidende Kriterium ist, dass Sie in dieser Sprache keine theologische Sozialisation durchlaufen haben, also weder akademische Fach-

---

186 »Simple, fresh, and relevant, not too doctrinal in tone or unreal in expression«, vgl. Meyer-Blanck (2013), 98.
187 Vgl. Arnold/Gidion/Hirsch-Hüffell (2013).

sprache noch Kirchenjargon beherrschen. Übersetzen Sie dann die Gebete wieder zurück ins Deutsche. Vergleichen Sie das Ergebnis mit Ihren Ausgangstexten.

Die Schwester der Einfachheit ist die Präzision. In der Konzentration auf das Wesentliche bietet poetische Sprache eine Einübung in Freiheit von Ballast und Unnötigem.

Behandeln Sie Ihre Gebete wie Ihre Gedichte: Beginnen Sie früh genug mit dem Schreiben, um Zeit für die Redaktion zu haben. Streichen Sie, was überflüssig ist. Verdichten Sie, wo es geht.

Frisch

»Frisch« heißt »unverbraucht«. Es geht also darum, Formulierungen zu finden, die die Gedanken in neue Bahnen lenken und den Raum, in dem »der Dialog mit Gott vorstellbar wird«[188], vergrößern.

Sammeln Sie Synonyme zu »frisch« – im Zweifelsfall hilft das Internet oder ein griffbereiter Thesaurus. Sammeln Sie und lassen Sie die Wörter auf sich wirken. Notieren Sie dazu Bilder. Schreiben Sie einzelne Gebetsfragmente, bei denen Sie die Bilder möglichst plastisch vor Ihrem inneren Auge festhalten.

Die »Frische« von Gebetsformulierungen sagt dabei noch nichts über ihr Alter aus – auch aus uralten Texten lassen sich unverbrauchte Formulierungen gewinnen. Es lohnt sich, beim Lesen und Hören aller möglicher Texte Augen und Ohren offen zu halten und Formulierungen zu sammeln, die in Ihnen etwas bewirken und denen Sie zutrauen, das auch im gottesdienstlichen Kontext leisten zu können. Besonders im Psalter finden sich bildhafte Ausdrücke, die menschliche Lebensbedingungen weitaus anschaulicher und anrührender schildern als abstrakte Sprache: Da ist von denen die Rede, »die zerbrochenen Herzens sind und [...] ein zerschlagenes Gemüt haben« (Ps 34,19), da klagt ein Beter: »Ich bin ausgeschüttet wie Wasser, [...] mein Herz ist in meinem Leibe wie zerschmolzenes Wachs. Meine

---

188 Nord (2012), 176.

Kräfte sind vertrocknet wie eine Scherbe, und meine Zunge klebt mir am Gaumen« (Ps 22,15 f.). Auch modernere Übersetzungen bieten interessante Formulierungen: »Wie glücklich sind die Menschen, die sich […] einkuscheln in seine Hände?« (Ps 34,9b, *Volxbibel*).

Suchen Sie im Psalter gezielt nach solchen Formulierungen, die dazu dienen können, die in Fürbitten üblicherweise bedachten Personengruppen (Trauernde, Verantwortung Tragende in Politik und Gesellschaft, Kranke, Arme, Einsame, …) eindrücklicher zu beschreiben und dadurch näher heranzuholen. Verwenden Sie sie. Das wird sich auch auf den Inhalt der Bitten auswirken.

Bildhafte Ausdrücke bieten den Vorteil, dass sie andere Sinne als nur den Intellekt ansprechen, und damit dem Umstand Rechnung tragen, dass wir Gott nie nur rein verstandesmäßig erfassen, und gleichzeitig eine eigene und unverzichtbare Dynamik entfalten: »Wie Jesu Gleichnisse aus Natur und Haushalt, so weisen Bilder in Predigten, Gebeten und Liedern auf Gottes Wirken im Alltagsleben hin.«[189] Der Gebrauch verschiedener Metaphern ist auch sinnvoll, weil, wie gesagt, Gemeinden durch das gottesdienstliche Gebet auch Theologie lernen – zumindest eine regelmäßige Gottesdienstteilnehmerin sollte die Chance bekommen, verschiedene Gottesbilder kennenzulernen.

Suchen Sie in der Bibel nach bildhaften Ausdrücken für Gottes Wesen, Gottes Wirken oder das Leben von Christinnen und Christen. Besonders ergiebig hierfür sind neben dem Psalter die Gleichnisreden. Nehmen Sie sich jeweils ein Bild vor und schreiben Sie zunächst ein paar Minuten lang assoziativ dazu. Versuchen Sie dann, einige Ihrer Gedanken zu Gebetsfragmenten zu verbinden.

Wenn Sie ein wenig geübt sind im Umgang mit biblischen Metaphern, können Sie sich an eigene Formulierungen wagen. Etwa indem Sie bekannte Metaphern variieren.

---

189 Duck (1995), 36 (Übersetzung HP).

✏️ Viele Bibelstellen sprechen von der Vergänglichkeit menschlichen Lebens unter Aufnahme von Bildern aus der Natur: »Alles Fleisch ist Gras« (Jes 40,6), Menschen sind »wie ein Gras, [...] das des Abends welkt und verdorrt« (Ps 90,6). Finden Sie eigene Bilder, die Vergänglichkeit symbolisieren. Suchen Sie in der Natur, in der Stadt, auf dem Speicher, wo auch immer. Wählen Sie eines aus, das Sie emotional anspricht. Überlegen Sie dann, wie in diesem Bild Gottes Erbarmen aussehen könnte. Machen Sie daraus ein Kyrie-Gebet.

Bei vielen Gottesbildern aus Bibel und Kirchengeschichte handelt es sich im engeren Sinne um *Allegorien*. Konsequent und detailreich ausgearbeitet sind Allegorien wahre Fundgruben für Metaphern, weswegen Heinrich von Kleist sie als Hilfsmittel zur Verbesserung des eigenen Sprachvermögens empfiehlt:

> Willst Du Dich einmal üben ein recht interessantes Gleichnis heraus zu finden, so vergleiche einmal den Menschen mit einem Klavier. Da müßtest Du dann Saiten, Stimmung, den Stimmer, Resonanzboden, Tasten, den Spieler, die Noten etc. etc. in Erwägung ziehen, und zu jedem das Ähnliche bei dem Menschen herausfinden.[190]

✏️ Sammeln Sie einige traditionelle Beispiele für göttliche Allegorien, zum Beispiel Gott als Vogel (Ex 19,4; Ps 17,8; Mt 23,37) oder als Burg (Ps 46; EG 362). Notieren Sie dazu, wie in Kleists Beispiel, Bilddetails und weitere Assoziationen. Versuchen Sie, Aussagen über Gott zu formulieren. Machen Sie daraus ein Gebet.

Konkrete, bildhafte Sprache führt fast unweigerlich zur Frage nach der Relevanz gottesdienstlichen (und sonstigen) Gebets.
Lehre mich die Liebe, Herr, auf dass ich klug werde
Zeige mir diesen einen Moment
Bevor der Wind die Blätter davon nimmt
Die Zigarette zu Ende geraucht ist
Und der Regen kommt.[191]

---

190 Zit. n. Waldmann (2016), 182.
191 Birgit Mattausch, *Lehre mich, Herr*: http://frauauge.blogspot.de/2015/06/lehre-mich-herr-predigtslam-zu-psalm-90.html – abgerufen 26.07.2018.

Relevant

Wer betet, will etwas. Und zwar mehr, als nur die Stille mit klangvollen Worten und heiligem Rauschen zu füllen. Im Gebet wagen wir das eigentlich unvorstellbare Unternehmen, Gott zu bewegen. Gebet ist, mit Karl Barth gesprochen, unser »faktischer, realer Anteil an Gottes Weltherrschaft«. Unser Beten hat also Relevanz – das Potenzial will aber auch genutzt werden.

Wichtige Träger für Relevanz sind Verben. Und zwar nicht irgendwelche, sondern *kraftvolle Verben*[192], also solche, die konkrete Tätigkeiten beschreiben. Sind die Verben, die Gottes Handeln beschreiben, aus falscher Zurückhaltung oder um Enttäuschungen zu vermeiden zu schwach, wird aus dem allmächtigen schnell ein impotenter Gott. Sind sie zu wenig anschaulich, bleibt die emotionale Ebene außen vor. Besonders riskant ist der bekannte (homiletische und liturgische) *Lassiv*: »Gott, *lass* uns immer wieder neu miteinander anfangen« – hier ändert sich meist der Adressat: Aus dem Gespräch mit Gott wird die mehr oder weniger geschminkte Aufforderung an die Gemeinde.

Korrigieren Sie die oben genannte »Lass uns«-Formulierung, indem Sie zunächst Ross und Reiter beim Namen nennen: Wenn es um menschliche Initiative geht, gehen Sie davon aus, dass die Notwendigkeit allgemein bekannt ist (»Wir müssen immer wieder neu miteinander anfangen. Wir wissen das.«). Versuchen Sie dann, das zu konkretisieren, indem Sie einzelne Beispiele, Zeiten und Räume nennen. Wenn das Gebet im Eingangsteil des Gottesdienstes die Funktion eines Schuldbekenntnisses erfüllt oder den Kyrie-Ruf vorbereitet, überlegen Sie sich, warum das schwerfällt. Fügen Sie dieser Zustandsbeschreibung eine Bitte hinzu: Was braucht die Gemeinde von Gott, um etwas zu ändern oder die nötigen Schritte zu tun? Suchen Sie nach biblischen Vorbildern, nach Aussagen über Gottes Tun. Wenn Sie eine gefunden haben, können Sie den Hinweis darauf Ihrem Gebet voranstellen *(Anamnese)*.

Kraftvolle Verben finden sich zuhauf in der Bibel. Schon das Vaterunser als die Gebetsschule schlechthin bietet eine ganze Reihe: *Heiligen – Kommen – Geschehen – (Brot) Geben – Vergeben – Führen – Erlösen.*

---

192 Vgl. zu den »vigorous verbs« Stookey (2001), 27 f.

✏️ Schreiben Sie ein Fürbittgebet, dessen Struktur sich am Vaterunser orientiert: Wie kann die Erfüllung der einzelnen Bitten konkret aussehen? Entscheiden Sie selbst, ob Sie nur der Struktur folgen wollen oder ob Sie das Ganze zu einer Vaterunser-Paraphrase machen. Variieren Sie, indem Sie die eher allgemeinen Verben »kommen« und »geschehen« durch anschaulichere Verben ersetzen.

Auf den Psalter als wichtige Ressource für Gebetsformulierungen ist bereits hingewiesen worden. Auf klassische Gebete ebenfalls.

❗ Lesen Sie Psalmen oder Sammlungen altkirchlicher Gebete. Markieren Sie die Verben, die hier vorkommen. Nutzen Sie sie für eigene Gebete.

Auch erzählende Texte bieten einiges an Material: In Wundererzählungen etwa wird Gottes Wirken anschaulich. Das Weinwunder zu Kana (Joh 2,1–12) bietet ein reizvolles Thema und zugleich eine anschauliche Illustration, wie Gott und Mensch kooperieren können: Menschen schaffen etwas herbei, und Gott verwandelt es. Das lässt sich durch veränderte Inhalte und Bezugsrahmen variieren.

✏️ Sammeln Sie Beispiele, bei denen menschliches Tun und göttliches Wirken zusammenkommen. Schreiben Sie, davon ausgehend, eine Fürbitte, die mit einer Anamnese beginnt: »Gott, wir sammeln Wasser, und du verwandelst es in Wein. Wir bitten dich …«

Vielen zentralen Figuren in den biblischen Geschichten werden Gebete in den Mund gelegt (Ex 15,1–21; Jon 2; Lk 1,46–55 u. a.), die aus dem Gottesdienst Israels oder der frühen christlichen Gemeinden stammen. Im Grunde ist aber jeder Wortwechsel zwischen einer handelnden Figur und Jesus oder Gott bzw. seinen Gesandten ein Gebet. Hier finden sich oft liturgisch noch nicht vollständig abgeschliffene Formulierungen, die als Grundlage für eigene Gebete dienen können. Besonders eindrücklich ist die Kampfansage Jakobs (Gen 32,27): »Ich lasse dich nicht (los), es sei denn, du segnest mich!«

✏️ Fürbitte heißt, stellvertretend für andere zu beten. Schreiben Sie ein paar Passagen, in denen es um Menschen geht, die Segen brauchen.

Lassen Sie jede Beschreibung dieser Menschen in die Ansage münden: »Wir lassen dich nicht los, es sei denn, du segnest sie.«

Bei der Suche nach relevanten Formulierungen wird vielleicht besonders deutlich, dass wir uns beim Beten in der »verborgenen und verbotenen Zone des Heiligen« (Josuttis) bewegen. Die Erlaubnis dazu haben wir – es versteht sich jedoch von selbst, dass hier theologische Redlichkeit notwendig ist.

Nicht zu lehrhaft im Ton …

Gebete transportieren Theologie. Erinnerungen an das, was wir über Gott wissen, kann als *Anamnese* Teil eines Gebetes sein. Es dient dort jedoch nicht der Information der Gemeinde, sondern ist Teil des Gesprächs mit Gott: Man bezieht sich auf (imaginär) Erlebtes, um in die gemeinsame Gegenwart und Zukunft zu blicken.

Lehrhaft wird der Ton dort, wo an die Stelle emotional aufgeladener Erinnerung an Gottes Tun theologisch korrekte, sprachlich aber schwergängige und bildarme Aussagen über Gottes Wesen treten, wo der oder die Betende also in ein höheres (und vielleicht bequemer erreichbares) Fach des theologischen Bücherregals (s. Kap. 2.3) greift:

Jesus Christus, [du Brot des Lebens und wahrer Weinstock], mit Brot und Kelch gibst du den Deinen Anteil am göttlichen Geheimnis deines Lebens, hebst die Trennung auf, die unsere Schuld bewirkt hat und nimmst uns mit auf deinen Weg der Hingabe und des Leidens zum ewigen Leben. Halte uns fest in deiner Gemeinschaft, dass wir bei dir bleiben, wie du bei uns bleibst in Zeit und Ewigkeit.[193]

Der unleugbar schwierige Versuch, Abendmahlstheologie in ein kurzes Kollekten-Gebet zu pressen, misslingt hier aus verschiedenen Gründen: Schiefe Paarungen (»Brot« entspricht nicht »Kelch«), theologisch aufgeladene, »große« Worte (»göttliches Geheimnis«, »Hingabe«, »ewiges Leben«) und mehrdeutige bis unverständliche Wendungen (»des Leidens zum ewigen Leben«) erschweren das Hören und Verstehen. Die häufigen Alliterationen (»du den Deinen«) und inhaltliche Unstimmigkeiten (»deine Gemeinschaft«, »Trennung« zwischen wem?) verstärken diesen Eindruck. Am Ende steht zwar ein

---

193 Evangelisches Gottesdienstbuch, 309.

kraftvolles Verb (»festhalten«), dem jedoch etwas Statisches anhaftet. Die Bitte bleibt vage, zumal sie nur undeutlich mit dem Vorangegangenen verbunden ist. Die *Hang*-Dynamik lässt den Text eher als Meditation erscheinen, er kann als »heiliges Rauschen« durchaus eine Wirkung entfalten – es stellt sich nur die Frage, welche?

✎ Formulieren Sie das Gebet um. Behalten Sie die Grundstruktur bei: *Abendmahlsdeutung – Sündenvergebung – Gemeinschaft mit Christus und miteinander – Bitte*. Vermeiden Sie dabei »große Worte« und ersetzen Sie sie durch narrative Elemente und Metaphern. Entscheiden Sie, bevor Sie die Bitte formulieren, welche Funktion das Gebet erfüllen soll. Oder verfahren Sie mit dem Gebet nach dem *Blackout*-Muster (s. Kap. 2.6.1).

Lehrhaft im Sinne von »bevormundend« kann ein Gebet auch durch ein unbedacht eingesetztes liturgisches *Wir* werden. Gerade Eingangsgebete mit Sündenbekenntnissen sind hierfür anfällig, insbesondere dann, wenn der Gemeinde Zustands- oder Wesensbeschreibungen übergestülpt werden. Das Wir ist im öffentlichen Gebet unvermeidlich, die Gefahr der Bevormundung lässt sich ein wenig dadurch entschärfen, dass Zustands- durch Tätigkeitsbeschreibungen ersetzt werden. Sünde ist zwar theologisch gesehen auch ein Zustand, sie äußert sich jedoch im Tun und Lassen. Erfahrungsgemäß führt dieser Schritt außerdem zu größerer Sorgfalt.

✎ Wenn Sie in der letzten Zeit ein Kyrie-Gebet oder Sündenbekenntnis geschrieben haben, in dem Formulierungen wie »wir sind …« vorkommen, ersetzen Sie diese durch anschauliche Handlungen.

Lehrhaft kann Gebetssprache schließlich nicht nur durch knorrige Formulierungen älterer Generationen werden, sondern auch durch *liturgische Moderation,* wie sie sich vor allem bei den sog. »Gottesdiensten im Zweiten Programm« etabliert hat: Vermeintlich schwer verständliche Wendungen oder Riten werden erklärt, damit aber ihres Geheimnisses beraubt. Man muss das nicht in Bausch und Bogen ablehnen, sollte aber gerade hier sehr genau auf die Klarheit der Sprechakte achten.

… und unwirklich im Ausdruck

Bei aller Hochschätzung konkreter und expressiver, »tiefer« Sprache birgt sie natürlich auch Risiken: »Im Bereich der Bildlichkeit ist die Gefahr, originelle Seltsamkeiten hervorzubringen, besonders hoch.«[194] Man kann sich im Spiel mit Metaphern verlieren, auch im Gebet. Wie bei allen anderen Texten gilt: Wo der Hörer anfängt, Ihre Sprachgewalt zu bewundern (oder sich über Bilder zu wundern), ist er raus. Um dieser Gefahr zu entgehen, empfiehlt es sich, an einen ersten, besonders bilderreichen Gebetsentwurf ein paar Kontrollfragen zu stellen: Entstammen die Bilder der Lebenswelt der Gemeinde? Sind sie in sich stimmig? Sind sie anschaulich genug, ohne detailversessen zu wirken? Führen sie zu relevanten, konkreten Bitten?

Unwirklich klingen Gebete auch dort, wo ihre Sprache sich zu weit von der Alltagssprache entfernt. Überlieferte Sprache bedeutet Heimat und signalisiert Beständigkeit in wechselhaften Zeiten. Gleichzeitig kann liturgische Hochsprache abschreckend wirken, weil sie suggeriert: Mit den Problemen im Alltag hat der Gottesdienst wenig bis nichts zu tun, und wer sich an Gott wenden will, muss erst einen neuen Dialekt, vielleicht sogar eine Fremdsprache lernen. In der liturgiewissenschaftlichen Debatte wird diese Problematik leidenschaftlich diskutiert. Wenn es hier überhaupt einen Königsweg gibt, dann ist dieser wohl nur gemeinsam mit der Gemeinde zu beschreiben und führt den schmalen Grat zwischen Traditionsbewusstsein und Musealität entlang.

Nehmen Sie sich ein selbstformuliertes oder fremdes Gebet, das Sie schon einmal im Gottesdienst verwendet haben und das stark von traditioneller Liturgiesprache geprägt ist. Markieren Sie alle Begriffe, die Sie im Alltagsgespräch (nicht in theologischen Diskussionen!) selten bis nie verwenden. Ersetzen Sie sie durch Formulierungen aus Ihrer Alltags- oder Umgangssprache. Lesen Sie das so veränderte Gebet laut. Lassen Sie es nachklingen. Wo bleiben Sie beim Alten, wo erscheint die neue Variante stimmiger? Nehmen Sie sich Zeit und versuchen Sie, Ihre Entscheidungen für sich zu begründen.

---

194 Von Petersdorff (2017), 98.

6.5.3 Den Raum beschreiben

Die Gestaltung des Raums, in dem Gottesdienst gefeiert wird, und der Gebrauch von Farben, Formen und Symbolen darin beeinflussen die Erfahrung des Betens nachhaltig. Geschmack und Textur des Abendmahlsbrotes, der Duft nach Kerzen und immergrünen Zweigen und die Berührung von zur Begrüßung ausgestreckten Händen, all das formt den christlichen Gottesdienst.[195]

Unsere Gebete verhallen nicht ungehört. Sie erklingen auch nicht einfach im luftleeren Raum. Dass Liturginnen und Liturgen die Besonderheiten des konkreten Kirchraums kennen und ihn deshalb vor dem Gottesdienst gründlich beschritten und besprochen haben sollten, versteht sich von selbst. Die akustischen Eigenheiten, von der Nachhallzeit bis hin zu den Tücken der Lautsprecheranlage, beeinflussen Hören und Sprechen gleichermaßen. Doch auch optische und atmosphärische Faktoren haben Einfluss auf das Gehörte und Gesagte. Was Angela Rinn zur Predigt schreibt, gilt ebenso für liturgische Texte:

> Raumeindrücke verbinden sich im Gehirn mit der Botschaft der Predigt und beeinflussen die Erinnerung. Der Kontext, in dem eine Predigt gehört wird, ist also entscheidend. Das gilt auch für den Kontext Kirchenraum.[196]

Es kann schwierig sein, einen bekannten Raum noch einmal mit fremden Augen und Sinnen wahrzunehmen. Am besten funktioniert das mit konkreten Erschließungsaufgaben. Dazu bekommen Sie im Folgenden einige Anregungen, die Sie einerseits dazu bringen sollen, den Raum neu zu entdecken, und andererseits den Schreibfluss initiieren können.

Gehen Sie in »Ihren« Kirchenraum. Setzen Sie sich irgendwohin und geben Sie dem Raum eine Minute Zeit, auf Sie zu wirken. Schreiben Sie ein oder mehrere Elfchen oder Haiku über das, was Sie wahrnehmen. Das können konkrete Einrichtungsdetails sein, aber auch atmosphärische Eindrücke, Lichteffekte und anderes. Wechseln Sie dann den Platz und wiederholen Sie die Übung. Gern noch ein weiteres Mal. Gehen Sie dann zum Altar oder zur Kanzel und schreiben Sie dort noch ein paar Gedichte.

---

195 Duck (1997), VIII (Übersetzung HP).
196 Rinn (2016), 97.

Räume tragen Geschichte(n) in sich. Eine Kirche ist dabei aus evangelischer Sicht kein heiliger Ort an sich, sondern ein

Raum, der Spuren trägt. Spuren der Benutzung durch die gottesdienstliche Gemeinde, aber auch Spuren der Inbesitznahme durch Christus, der in den Gottesdiensten der Gemeinde gegenwärtig wird.[197]

Menschen verbinden Räume mit den Erinnerungen an das, was sie darin erlebt haben – egal, an welcher Stelle sie dabei gesessen oder welche Rolle sie im Gottesdienst gehabt haben.

Setzen Sie sich in Ihre Kirche. Listen Sie auf, was Sie dort erlebt haben, lassen Sie dabei rechts einigen Platz. Wenn Sie das Gefühl haben, dass die Liste ausreichend lang ist, notieren Sie neben den Erinnerungen, was davon im Raum geblieben ist – das kann ein ganzer Satz sein, vielleicht auch nur ein Wort, ein Eindruck, eine Sinneswahrnehmung. Verflüssigen Sie dann die Listenform und schreiben Sie einen Text über Ihr Verhältnis zu diesem besonderen Kirchenraum.

Die feiernde Gemeinde verändert einen Gottesdienstraum, lädt ihn auf mit ihrem Aussehen, ihrer physischen und geistlichen Präsenz, ihren Stimmen, bringt ihre Lebensgeschichten mit, ihre Hoffnungen und Nöte, Dank und Klage.

Stellen Sie sich auf die Kanzel oder an den Altar. Lassen Sie den Blick über die Bank- oder Stuhlreihen schweifen und stellen Sie sich ein paar Menschen vor, die dort sitzen könnten. Widmen Sie einigen ein Elfchen, ein Zevenaar oder irgendeinen anderen kleinen Text. Das kann mit dem Namen beginnen oder, wenn Sie ihn nicht wissen, mit einer kurzen Charakterisierung oder Beschreibung. Schreiben Sie das Gedicht erst, wenn Sie die Person deutlich vor Ihrem inneren Auge sehen. Setzen Sie sich dann nacheinander auf die mutmaßlichen oder gewohnten Sitzplätze und schreiben Sie dort ein Gebet dieser Person. Welche Wörter, was für eine Sprache würde sie benutzen, wofür könnte sie beten? Bevor Sie die Kirche wieder verlassen: Bedanken Sie sich in Gedanken bei den einzelnen Menschen und schließen Sie sie für die nächsten Tage in Ihr

---

197 Raschzok (2001), 108.

Gebet ein. Holen Sie die Texte beim nächsten Mal, wenn Sie Gebete für einen Gottesdienst schreiben, hervor und überlegen Sie, ob Ihnen dadurch Aspekte in den Sinn kommen, die sonst unbeachtet blieben.

6.5.4 Gebet und Sprachklang

Wenn Form und Inhalt kaum zu trennen sind, dann lohnt es sich, bei Gebeten auf den Sprachklang[198] zu achten. In der lutherischen Fassung des *Sanctus* etwa entspricht die klangliche Gestaltung der Intention des Gebets und trägt das Ihre zur Atmosphäre bei: Das dreifach wiederholte »heilig«, die stabreimhaften H-Alliterationen (durch die besonders viel Atem verwendet wird) und der fallende, schreitende Rhythmus geben dem Gebet etwas Machtvolles. Die überwiegend hellen Vokale und Diphthonge besonders im ersten Teil (»heilig«, »Herr«, »Zebaoth«, »Himmel«, »Herrlichkeit«) veranschaulichen auf der Klangebene den offenen Himmel. Eindrücklich ist auch die katholische Fassung des *Confiteor*: An zentraler Stelle verstärkt der Sprachklang durch eine dreigliedrige Wiederholung in Verbindung mit einer Klimax (im Lateinischen noch mit einem Stabreim) und überwiegend dunklen Vokalen den Eindruck der Unentrinnbarkeit menschlicher Schuld (»*mea culpa, mea culpa, mea maxima culpa*«, »durch meine Schuld, durch meine Schuld, durch meine große Schuld«).

Solche Gestaltungsmittel sollten nie auf Kosten der Verständlichkeit oder der Natürlichkeit der Sprache gehen, sonst wirken sie zwanghaft und aufgesetzt. Im liturgischen Labor ist aber bekanntlich alles erlaubt, das Ihnen hilft, Ihre sprachliche Sensorik zu verfeinern.

Schreiben Sie ein Schuld- oder Sündenbekenntnis, in dem Sie überwiegend dunkle Vokale und Diphthonge verwenden. Experimentieren Sie mit weiteren klanglichen Gestaltungsmitteln, probieren Sie Ellipsen, Alliterationen, Stab- oder Binnenreime aus, spielen Sie mit dem Rhythmus.

Manche liturgischen Gebete laden zur besonderen klanglichen Gestaltung ein: In der *Präfation* etwa wird gleich eine dreifache klimaktische Bewegung vollzogen, räumlich von der Erde zum Himmel und zeitlich von der Vergangenheit über die Gegenwart in die Zukunft

---

198 Vgl. Stock (2010), 47 f.

bzw. von der Endlichkeit in die Unendlichkeit (»und bekennen ohne Ende«), und schließlich von der Vereinzelung in die Gemeinschaft, in der sich irdische und himmlische Stimmen vereinen »zum Geräusch, zum Wellengang, zum Sphärenklingen, zum Hintergrundrauschen eines expandierenden inneren Alls. Hier fallen alle Grenzen.«[199]

Schreiben Sie ein Präfationsgebet, in dem Sie die Bewegung ins Grenzenlose hinein klanglich nachahmen. Behalten Sie dabei im Hinterkopf, dass die Präfation zum Sanctus führt – bereiten Sie diesen Übergang auch klanglich vor.

In Fürbitten können diejenigen, für die gebetet wird, auch durch die klangliche Gestaltung näher herangeholt werden: Wer für Kinder betet, kann sich an kindlicher Sprache orientieren und kurze Hauptsätze und originelle Sprachneuschöpfungen verwenden. Geht es um sozial benachteiligte Menschen, können Ellipsen, dunkle Vokale, harte Konsonanten und ein entsprechender Rhythmus einen Eindruck von der Härte ihres Alltags vermitteln. Wenn Sie für politische Anlässe beten, können Sie mit Kontrasten arbeiten, indem Sie Zustands- oder Wesensbeschreibungen in der verquasten, sustantiv- und füllwortlastigen Sprache politischer Milieus einfache und klare Bitten entgegenstellen. Mit alledem betreten Sie das Feld der Parodie. Wenn Sie das abschreckt, erinnern Sie sich daran: Parodie kann (und sollte in diesem Fall) auch Ausdruck von Sympathie und Respekt sein (s. Kap. 2.8.4). Und ein bisschen Humor ist auch in der liturgisch-poetischen Werkstatt nicht verboten.

Nehmen Sie sich ein bereits gehaltenes Fürbittgebet vor und versuchen Sie, sich jeweils auf den Sprachklang der bedachten Personengruppen einzulassen und ihn semantisch und klanglich nachzuahmen. Wenn Ihnen das schwerfällt, muss das nicht an mangelndem parodistischen Können liegen, sondern kann auch ein Anzeichen dafür sein, dass die Gebetsanliegen zu abstrakt sind.

---

199 Chr. Lehnert (2017), 34.

Zwischenruf von der Bühne: Raus aus den Kirchen, ihr Preacher!

Sonntagabend, 21.30 Uhr. Aus der neobarocken Citykirche in Musterstadt strömt eine buntgemischte Gemeinde, überraschend viele Jüngere sind dabei, einige waren zum ersten Mal seit ihrer Konfirmation wieder in einer Kirche und hatten sogar Spaß, aber auch bemerkenswert viele ältere Semester. Ein Mitarbeiter des Lokalfunks sammelt überschwängliche O-Töne: »Ich finde das wichtig, dass man in einer Kirche auch mal lachen darf!«, »So macht Kirche richtig Spaß!« und so weiter. Auch aus Sicht der Veranstalter war der erste Musterstädter Preacher-Slam ein Riesenerfolg: Das Haus war voll, die Stimmung großartig, die »Preacher«-Fraktion (zwei redlich bemühte Pfarrer aus der Nachbargemeinde und zwei eigens eingeflogene Routiniers der Szene) hat zwar insgesamt verloren, sich aber wacker geschlagen. Die Publikumsmagneten sind ja eh die Slam-Profis. Pfarrer K. jedenfalls freut sich über die wertvolle Erfahrung des Dabeiseins und überlegt, welche eigene Gemeindekreise er mit seinem Slam-Text begeistern kann – für die Frauenhilfe vielleicht etwas zu wild, aber Konfis mögen sowas doch. Citykirchenpfarrerin M.-L. hat am Ende sogar alle mit einem launigen Segen entlassen und wird diesen spirituellen Mehrwert beim morgigen Pfarrkonvent ihren kritischen Kollegen triumphierend präsentieren.

Und das war's? Es ist ja schön und gut, dass wir mit dem Preacher-Slam ein Format gefunden haben, mit dem sich die Kirche zumindest für einen Abend mal wieder ordentlich füllen lässt, sogar mit Leuten, die sonst nicht kommen. Und das noch dazu anschlussfähig ist an gegenwärtige homiletische Diskussionen, die eigene Predigtpraxis bereichern und für die Wiederentdeckung unverbrauchter Sprachformen sorgen kann. Hurra – »das soll nicht von ihr genommen werden« (Lk 10,42). Nur: Den großen missionarischen Aufbruch wird das nicht auslösen. Nicht, wenn das Ganze nur dazu dient, einmalig Leute in die Kirche zu locken und fürs Protokoll zu sagen: »Wir können auch ganz anders!« Zur Erinnerung: Der Auftrag, den Jesus seinen Jüngern gegeben hat, lautete nicht: »Macht den Laden voll!«, sondern ging in die genau entgegengesetzte Richtung: »Geht hin!« Paulus zum Beispiel hat sich in Athen mitten auf den Marktplatz gestellt und dort gepredigt, und zwar inhaltlich und sprachlich deutlich anders als in den Gemeindeversammlungen. Wenn wir das ernst nehmen, hieße das doch: Statt, wieder einmal, eine neue Sau durch den Mittelgang der Kirche zu jagen und zwischen Altar und Kanzel verfetten und sterben zu lassen, müsste der Weg in die entgegengesetzte Richtung gehen. Statt Poetry-Slams in die Kirche zu holen, sollten Preacher mit ihren besonderen Texten und Themen auf die »weltlichen« Bühnen steigen. Klar braucht das Mut, sehr viel sogar. Es kann auch sein, dass Glaubenstexte, wie nachdenkliche, »deepe« Texte allgemein, nicht gerade zu den potenziellen Siegertexten gehören – aber der Erfahrung nach führen sie zu Begegnungen und Gesprächen, aus denen etwas entstehen kann. Und Gottes Verheißungen gelten ohnehin vor allem für die Bereiche jenseits der Komfortzone. Das gilt auch für die Predigt.

Danke!

Bernd Becker, Katrin Berger, Prof. Dr. Andrea Bieler, Dr. Peter Bukowski, Michael Čulo, Nils Davidovic, Prof. Dr. Alexander Deeg, Jan Ehlert, Carsten Ehret, Dr. Friederike Erichsen-Wendt, Jana Harle, Bernhard Kirchmeier, Carolin Kremendahl, Friederike Lambrich, Birgit Mattausch, Kathrin Oxen, Felix Ritter, Bo Wimmer, Jan-Philipp Zymny, dem Hanauer Kreis, der Schreibwerkstatt der evangelischen Kirchengemeinde Uellendahl-Ostersbaum und allen Workshopteilnehmenden durch die Jahre.

Literatur

Anthologien und Textausgaben

Anders, Petra (2008): Slam Poetry. Texte und Materialien für den Unterricht, Stuttgart: Reclam.

Becker, Bernd/Hoeffchen, Gerd-Matthias (2016): Was weg ist, ist weg! Kuriose Beerdigungsgeschichten (6. Aufl.), Bielefeld: Luther.

Block, Lawrence (Hg./2017), Nighthawks. Stories nach Gemälden von Edward Hopper, dt. v. Frauke Czwikla, München: Droemer Knaur.

Böttcher, Bas/Hogekamp, Wolf (2014): Die Poetry Slam Fibel. 20 Jahre Werkstatt der Sprache, Berlin: Satyr.

Engelmann, Julia (2014): Eines Tages, Baby. Poetry-Slam-Texte, München: Goldmann.

Hensel, Sven (2017): Aufhause. Von Zuhörern und Fremdverkehrern, Paderborn: Lektora.

Herlyn, Okko (2017): Hier stehe ich, ich kann auch anders! Luther unkorrekt (2. Aufl.), Duisburg: Mercator.

Niemeyer, Susanne (2014): Zimmer frei im Paradies. Bibelgeschichten neu erzählt, Stuttgart: Kreuz.

Rilke, Rainer Maria (2017): Die Gedichte (19. Aufl.), Frankfurt a.M.: Insel.

Ruppel, Lars (2016): Holger, die Waldfee. Zwölf Gedichte über Redensarten (2. Aufl.), Berlin: Ullstein.

Ruppel, Lars (2017): Die Kuh vom Eis. Neue Gedichte über Redensarten, Berlin: Satyr.

Tranströmer, Tomas (2013): In meinem Schatten werde ich getragen. Gesammelte Gedichte, dt. v. Hanns Grössel (2. Aufl.), Frankfurt a.M.: S. Fischer.

Welke, Oliver/Wischmeyer, Dietmar (2013): Frank Bsirske macht Urlaub auf Krk. Deutsche Helden privat, Berlin: rowohlt.

Monografien und Aufsatzsammlungen

Abou-Dakn, Masen (2013): Songtexte schreiben. Handwerk und Dramaturgie (2. Aufl.), Berlin: Autorenhaus.

Anders, Petra (2007): Poetry Slam. Live-Poeten in Dichterschlachten. Ein Arbeitsbuch, Mülheim: Verlag an der Ruhr.

Anders, Petra (2013): Poetry Slam. Unterricht, Workshops, Texte und Medien (2. Auflage), (Deutschdidaktik aktuell 34), Baltmannsweiler: Schneider.

Anderson, Chris (2016): TED Talks. The Official TED Guide to Public Speaking, London: Nicholas Brearley Publishing.

Arnold, Jochen/Gidion, Anne/Martinsen, Raute (Hg.) (2013): Biblische Lesungen und Gebete zum Kirchenjahr in Leichter Sprache, Hannover: Lutherisches Verlagshaus

Barth, Karl (1962): Einführung in die Evangelische Theologie, Zürich: Zöllikon.

Bauer, Karl G. (1791): Über die Mittel, dem Geschlechtstrieb eine unschädliche Richtung zu geben, Leipzig: Crusius.

Berger, Peter L. (1998): Erlösendes Lachen. Das Komische in der menschlichen Erfahrung, dt. v. Joachim Kalka, Berlin/New York: De Gruyter.

Bieler, Andrea (2008): Gottesdienst interkulturell. Predigen und Gottesdienst feiern im Zwischenraum, Stuttgart: Kohlhammer.

Bieler, Andrea/Gutmann, Hans Martin (2008): Rechtfertigung der Überflüssigen. Die Aufgabe der Predigt heute, Gütersloh: Gütersloher Verlagshaus.

Bob, Steve (2013): Go To Niniveh. Medieval Jewish Commentaries on the Book of Jonah. Translated and Explained, Oregon 2013

Brunke, Timo (2015): Wort und Spiel im Unterricht. Vom Sprachspiel über Poetry Slam zur Rhapsodie, Berlin/Hamburg: Klett-Kallmeyer.

Bukowski, Peter (2007): Predigt wahrnehmen. Homiletische Perspektiven (6. Aufl.), Neukirchen-Vluyn: Neukirchener Theologie.

Bukowski, Peter (2009): Humor in der Seelsorge. Eine Animation, Wuppertal: Foedus.

Cameron, Julia (2009): Der Weg des Künstlers. Ein spiritueller Pfad zur Aktivierung unserer Kreativität, dt. v. Anne Follmann und Ute Weber, München: Knaur.

Campbell, Charles/Ciliers, Johan (2015): Was die Welt zum Narren hält. Predigt als Torheit, dt. von Dietrich Eichenberg, Leipzig: Evangelische Verlagsanstalt.

Campbell, Joseph (2015): Der Heros in tausend Gestalten, dt. v. Karl Koehne (2. Aufl.), Berlin: Insel.

Carter, Judy (1989): Stand Up Comedy. The Book, New York: Dell.

Conrad, Ruth/Weeber, Martin (2012): Protestantische Predigtlehre. Eine Darstellung in Quellen (UTB 3581), Tübingen: Mohr Siebeck.

Dachselt, Rainer/Schwarz, Ingo/Sprang, Stefan (2003): Radio-Comedy (Praktischer Journalismus 56), München: UVK.

Deeg, Alexander (2011): Predigt und Derascha. Homiletische Textlektüre im Dialog mit dem Judentum (APLH 48), Göttingen: Vandenhoeck & Ruprecht.

Duck, Ruth C. (1995): Finding Words for Worship. A Guide for Leaders, Louisville/London: Westminster John Knox Press.

Engemann, Wilfried (2011): Einführung in die Homiletik (2. Aufl., UTB 2128), Stuttgart: A. Francke.

Fry, Stephen (2007): The Ode Less Travelled. Unlocking The Poet Within (2. Aufl.), London: Arrow.

Gesing, Fritz (2015): Kreativ schreiben. Handwerk und Technik des Erzählens (2. Aufl.), Köln: Dumont.

Goldberg, Natalie (2014): Schreiben in Cafés. Kreatives Schreibtraining, dt. v. Kerstin Winter (4. Aufl.), Berlin: Autorenhaus.

Haußmann, Renate (2017): Kreatives Schreiben zur Entwicklung von Ressourcen in Beratung und Coaching, Göttingen: Vandenhoeck & Ruprecht.

Hempelmann, Heinz Peter/Heckel, Ulrich/Hinrichs, Karen/Peter, Dan (2015): Auf dem Weg zu einer milieusensiblen Kirche. Die SINUS-Studie »Evangelisch in Baden und Württemberg« und ihre Konsequenzen für kirchliche Handlungsfelder, Neukirchen-Vluyn: Neukirchener Verlag.

Herzog, Markwart (Hg.) (2006): Höllen-Fahrten. Geschichte und Aktualität eines Mythos, Stuttgart: Kohlhammer.

Heyadati-Aliabadi, Minu (2017): Slam Poetry. Deutsch-US-amerikanische Studien zu den Ansichten und Handlungsweisen der Akteure, Wiesbaden: J. B. Metzler.

Hippe, Lorenz (2011): Und was kommt jetzt? Szenisches Schreiben in der theaterpädagogischen Praxis, Weinheim: Deutscher Theaterverlag.

Holocher, Hermann (2014): Anfänge der »New Rhetoric« (Rhetorik-Forschungen 9), Berlin: De Gruyter.

Huizing, Klaas (2016): Scham und Ehre. Eine theologische Ethik, Gütersloh: Gütersloher Verlagshaus.

Jeske, Edith/Reiz, Tobias (2011): Handbuch für Songtexter. Mehr Erfolg durch professionelles Schreiben und Vermarkten (2. Aufl.), Berlin: Autorenhaus.

Karasek, Hellmuth (2011): Soll das ein Witz sein? Humor ist, wenn man trotzdem lacht, Köln: Heyne.

Kleon, Austin (2015): The Steal Like an Artist Journal. A Notebook for Creative Kleptomaniacs, New York: Workman Publishing Company.

Knieling, Rainer (2006): Konkurrenz in der Kirche. Praktisch-theologische Untersuchungen zu einem Tabu, Göttingen: Vandenhoeck & Ruprecht.

Körtner, Ulrich J. (1994): Der inspirierte Leser. Zentrale Aspekte biblischer Hermeneutik, Göttingen: Vandenhoeck & Ruprecht.

Koester, Gabriela (2009): Wir können auch anders. Humor und sein Potential für die christliche Predigt, Neukirchen-Vluyn: Neukirchener Verlag.

Kurz, Gerhard (1999): Macharten. Über Rhythmus, Reim und Vieldeutigkeit, Göttingen: Vandenhoeck & Ruprecht.

Lehnert, Christian (2017): Der Gott in einer Nuß. Fliegende Blätter von Kult und Gebet, Frankfurt a. M.: Suhrkamp.

Lehnert, Volker A. (2010): Kein Blatt vor'm Mund. Frei predigen in sieben Schritten. Kleine praktische Homiletik (3. Aufl.), Neukirchen-Vluyn: Neukirchener Verlag.

Lindemann, Holger (2016): Die große Metaphern-Schatzkiste. Systemisch arbeiten mit Sprachbildern. Band 1: Grundlagen und Methoden (3. Aufl.), Göttingen: Vandenhoeck & Ruprecht.

Maak, Michael (2007): Comedy. 1000 Wege zum guten Gag, Berlin: Henschel.

Malessa, Andreas (2017): Hier stehe ich, es war ganz anders. Irrtümer über Luther (7. Aufl.), Witten: SCM Hänssler.

McFee, Marcia (2005): Primal Patterns: Ritual Dynamics, Ritual Resonance, Polyrhythmic Strategies and the Formation of Christian Disciples, Univ.-Diss. Berkeley.

Meyer-Blanck, Michael (2013): Agenda. Zur Theorie liturgischen Handelns, PThGG 13, Tübingen: Mohr Siebeck.

Moers, Walter (1999): Die 13½ Leben des Käptn Blaubär, Frankfurt a. Main: Eichborn.

Ders. (2002): Ensel und Krete. Ein Märchen aus Zamonien, Frankfurt a. M: Eichborn.

Ders. (2004): Die Stadt der träumenden Bücher, München: Piper.
Müller, Annette Cornelia (2014): Predigt schreiben. Prozess und Strategien der homiletischen Komposition, APT 55, Leipzig: Evangelische Verlagsanstalt.
Nicol, Martin (2005): Einander ins Bild setzen. Dramaturgische Homiletik (2. Aufl.), Göttingen: Vandenhoeck & Ruprecht.
Nicol, Martin (2011): Weg im Geheimnis. Plädoyer für den Evangelischen Gottesdienst (3. Aufl.), Göttingen: Vandenhoeck & Ruprecht.
Nicol, Martin/Deeg, Alexander (2013): Im Wechselschritt zur Kanzel. Praxisbuch Dramaturgische Homiletik (2. Aufl.), Göttingen: Vandenhoeck & Ruprecht.
Ortheil, Hans-Josef (2017): Mit dem Schreiben anfangen. Fingerübungen des Kreativen Schreibens, Berlin: DUDEN.
Otto, Gert (1986): Praktische Theologie, Band 1: Grundlegung der Praktischen Theologie, München: Chr. Kaiser.
Petersdorff, Dirk von (2017): Wie schreibe ich ein Gedicht? Kreatives Schreiben: Lyrik (2. Aufl.), Stuttgart: Reclam.
Pohl-Patalong, Uta (2013): Bibliolog. Impulse für Gottesdienst, Gemeinde, Schule. Band 1: Grundformen (3. Aufl.), Stuttgart: Kohlhammer.
Pyka, Holger (2018): Versteht man, was du liest? Praxisbuch für den Gottesdienst (3. Aufl.), Bielefeld: Luther.
Rechenberg-Winter, Petra/Randow-Ruddies, Antje (2016): Poesietherapie in der systemischen Praxis. Interventionen für die Einzel-, Paar-, Familien- und Gruppentherapie, Göttingen. Vandenhoeck & Ruprecht.
Rinn, Angela (2016): Die kurze Form der Predigt. Interdisziplinäre Erwägungen zu einer Herausforderung für die Homiletik, Göttingen: Vandenhoeck & Ruprecht.
Sammer, Petra (2014): Storytelling. Die Zukunft von PR und Marketing, Köln: O'Reilly.
Scharf, Christian (2011): Schreiben Tag für Tag. Journal und Tagebuch, Mannheim: DUDEN.
Schneider, Jost (2004): Sozialgeschichte des Lesens. Zur historischen Entwicklung und sozialen Differenzierung der literarischen Kommunikation in Deutschland, Berlin/New York: De Gruyter.
Schöpflin, Karin (2011): Die Bibel in der Weltliteratur (UTB 3498), Tübingen; UTB.
Sindermann, Thorsten (2009): Über praktischen Humor. Oder eine Tugend epistemischer Selbstdistanz, Würzburg: Königshausen & Neumann.
Smith, Marc Kelly/Kraynak, Joe (2009): Take the Mic. The Art Of Performance Poetry, Slam, and the Spoken Word, Naperville: Sourcebooks.
Söderlund, Mats (2017): Skriva poesi. Om diktandets hantverk, Göteborg: Offside Press.
Steffensky, Fulbert (2006): Schwarzbrot-Spiritualität (Neuauflage), Stuttgart: Radius.
Steputat, Willy (2015): Reimlexikon (aktualisierte Neuausgabe), Stuttgart: Reclam.
Stock, Axel (2010): Liturgie und Poesie. Zur Sprache des Gottesdienstes, Kevelaer: Butzon & Bercker.
Stookey, Laurence Hull (2001): Let the Whole Church Say Amen! A Guide for Those Who Pray in Public, Nashville: Abingdon Press.
Sweeney, Matthew/Williams, John Hartley (2016): Write Poetry And Get it Published (5. Aufl.), London: Teach Yourself.

Vogler, Christopher (2007): The Writer's Journey. Mythic Structure for Writers (3. Aufl.), San Francisco: Michael Wiese Productions.
Vorhaus, John (1994): The Comic Toolbox. How To Be Funny Even If You're Not, Los Angeles: Silman-James Press.
Wagner, Ursula M. (2013): Das Kairos-Prinzip. So finden Sie den richtigen Zeitpunkt für den beruflichen Wechsel, Frankfurt a. M.: Campus.
Waldmann, Günter (2016): Produktiver Umgang mit Lyrik. Eine systematische Einführung in die Lyrik, ihre produktive Erfahrung und ihr Schreiben (15. Aufl.), Hohengehren: Schneider.
Wenton-Henry, Cynthia/Porter, Phil:Move. What the Body Wants, Kelowna 2016
Westermayr, Stefanie (2010): Poetry Slam in Deutschland. Theorie und Praxis einer multimedialen Kunstform (2. Aufl.), Marburg: Tectum.
Willobee, Sondra B. (2009): The Write Stuff. Crafting Sermons That Capture and Convince, Louisville: Westminster John Knox Press.
Willrich, Alexander (2010): Poetry Slam für Deutschland. Die Sprache. Die Slam-Kultur. Die mediale Präsentation. Die Chancen für den Unterricht, Paderborn: Lektora.
Winkler, Vera-Sabine (2009): Leise Bekenntnisse. Die Bedeutung der Poesie für die Sprache der Liturgie am Beispiel von Hilde Domin, Mainz: Matthias-Grünewald.
Wolbring, Fabian (2015): Die Poetik des deutschsprachigen Rap, Göttingen: Vandenhoeck & Ruprecht.
Wolf-Withöft, Susanne (2002): Predigen lernen. Konturen einer praktisch-theologischen Spieltheorie (PrThH 58), Stuttgart: Kohlhammer.

Aufsätze und Zeitschriftenartikel

Assmann, Aleida (2010): Lesen als Überlebensmittel. In: Bellebaum, A./Hettlage, R.: Glück hat viele Gesichter. Annäherungen an eine gekonnte Lebensführung, 389–405, Wiesbaden: VS.
Barth, Karl (1933/1957): Das erste Gebot als theologisches Axiom, In: Ders.: Theologische Fragen und Antworten. Gesammelte Vorträge. Band 3, 127–143, Zürich: Zöllikon.
Bieler, Andrea (2006): Das bewegte Wort. Auf dem Weg zu einer performativen Homiletik, in: PTh 95 (2006), 268–283.
Brecht, Bertolt (1939/1967): Über reimlose Lyrik mit unregelmäßigen Rhythmen. In Ders.: Gesammelte Werke in 20 Bänden, Bd. 19, Frankfurt a. M.: Suhrkamp.
Bukowski, Peter (2017): Emotional predigen – ein Impuls. In Ders.: Theologie in Kontakt. Reden von Gott in der Welt, S. 116–120, Göttingen: Vandenhoeck & Ruprecht.
Dünnebacke, Laura/Kunkel, Tristan (2017): Verschiedene Formen des Slams. In Stracke, K./Serrer, M.: Poetry Slam. Das Handbuch, 41–51, Paderborn: Lektora.
Golly, Adrian (2015): Japanische Ästhetik im Werk von Wilhelm Gössmann. In: Gansel, C./Joch, M./Wolting, M.: Zwischen Erinnerung und Fremdheit. Entwicklungen in der deutschen und polnischen Literatur nach 1989, 133–146, Göttingen: Vandenhoeck & Ruprecht.

Keller, Christine (2017): Poetry Slam als Comedy- und Mainstreamevent? In: Stracke, K./Serrer, M.: Poetry Slam. Das Handbuch, 61–69, Paderborn: Lektora.

Kranzusch, Michael (2000): Die Heldenreise. Mythologische Konzeptionen in zeitgenössischen Filmkompositionen. In: Klie, Th.: Darstellung und Wahrnehmung. Religion im medialen Crossover, 174–190, Münster: LIT.

Krieg, Matthias (2017): blue religion. In der Stadt geht Gott fremd. In: Deeg, A./Lehnert, Chr.: Nach der Volkskirche. Gottesdienste feiern im konfessionslosen Raum, 79–110, Leipzig: Evangelische Verlagsanstalt.

Lehnert, Christian (2014): Ins Offene. Über Poesie und Gebet. In; Ders.: »Denn wir wissen nicht, was wir beten sollen …« Über die Kunst des öffentlichen Gebets, 17–25, Leipzig: Evangelische Verlagsanstalt.

Link-Wieczorek, Ulrike (2005): Warum trinitarisch von Gott reden? Zur Neuentdeckung der Trinitätslehre in der heutigen Theologie. In: Weth, R.: Der lebendige Gott. Auf den Spuren neueren trinitarischen Denkens und Redens in unserer Zeit, 11–30, Neukirchen-Vluyn: Neukirchener Verlag.

Martin, Gerhard Marcel (1984): Predigt als »offenes Kunstwerk«? Zum Dialog zwischen Homiletik und Rezeptionsästhetik, in: EvTh 44 (1984), 46–58.

Ders. (2015): Ausgewilderte Exegese? Die Frage nach dem Textbezug im Predigt-Slam. In: Scholl, K./Neumann, G./Erne, Th.: predigt slam, 10–73, Marburg: Jonas.

Nicol, Martin/Deeg, Alexander (2012): Einander ins Bild setzen. In: Charbonnier, L./Merzyn, K./Meyer, P.: Homiletik. Aktuelle Konzepte und ihre Umsetzung, 68–84, Göttingen: Vandenhoeck & Ruprecht.

Nord, Ilona (2012): »Simple, fresh, relevant, not too doctrinal in tone or unreal in expression«. Über die Sprache des Gebets im Reformierten Gottesdienstbuch und über betendes Sprechen am Beispiel von Slam Poetry. In: Meyer-Blanck, M.: Die Sprache der Liturgie, 171–191, Leipzig: Evangelische Verlagsanstalt.

Raschzok, Klaus (2001): »… an keine Stätte noch Zeit aus Not gebunden« (Martin Luther). Zur Frage des heiligen Raumes nach lutherischem Verständnis. In: Glockzin-Bever, S./Schwebel, H.: Kirchen – Raum – Pädagogik, S. 99–114, Münster: LIT.

Schüz, Peter (2011): »Sermon Slam«. Wort Gottes als Fünf-Minuten-Performance, in: PrTh 46 (2011), 64–66.

Stolina, Ralf (2010): Lebens-Gespräch mit Gott. Zur theologischen Grundlegung geistlicher Begleitung, in: Pastoraltheologie 99, 288–305.

Bibelstellenregister

AT

Gen 1,26 ... 80
Gen 8,21 ... 80
Gen 18,17–33 ... 139
Gen 19,26 ... 98
Gen 32,25 f. ... 98
Gen 32,27 ... 160
Ex 4,2 ... 74
Ex 15,1–21 ... 160
Ex 19,4 ... 158
Ex 20,3 ... 104
1Kön 19 ... 135
1Kön 22 ... 95
Ps 1 ... 94, 95
Ps 17,8 ... 158
Ps 22,1 ... 98
Ps 22,15 f. ... 157
Ps 23 ... 94
Ps 34,8–10 ... 153
Ps 34,9b ... 157
Ps 34,19 ... 156
Ps 37 ... 37
Ps 46 ... 158
Ps 85,10 ... 98
Ps 90,6 ... 158
Ps 104,26 ... 98
Ps 111 ... 37
Ps 112 ... 37
Ps 119 ... 37
Spr 8,22–30 ... 100
Jes 2,4 ... 88
Jes 9,5 ... 98
Jes 11,6–8 ... 70
Jes 40,6 ... 158
Jes 58 ... 91
Jes 65,25 ... 70
Ez 3,1–3 ... 95
Joel 3,1–3 ... 114
Jon ... 82, 89
Jon 1,2 ... 98
Jon 2 ... 160
Jon 3,3 f. ... 98
Mi 4,3 ... 88
Mi 4,5a ... 114
Weish 7,21 f. ... 100

NT

Mt 5,1–12 ... 94
Mt 5,14 ... 88
Mt 10,13–16 ... 59
Mt 23,37 ... 158
Mt 26,6–13 par ... 104
Mt 26,17–25 ... 98
Mt 26,36 ff. par ... 103
Mk 2,1–12 ... 91
Mk 4,26–29 ... 27
Mk 4,35–41a ... 110
Mk 5,11 ... 82
Mk 10,25 ... 73
Mk 11,15–19 par ... 113
Mk 14,3–9 par ... 59
Lk 1,46–55 ... 160
Lk 2,1–20 ... 90
Lk 2,41 ff. ... 95
Lk 6,20–23 ... 94
Lk 10,40 ... 27
Lk 10,42 ... 168
Lk 15 ... 126
Lk 15,7.10 ... 126
Lk 15,9 ... 98
Lk 15,11–32 ... 98, 104
Lk 18,9–14 ... 46
Joh 1,14 ... 95
Joh 2,1–12 ... 160
Joh 3,8 ... 20
Joh 4,5–26 ... 38
Joh 6,35 ... 88
Joh 8,6b ... 82, 98
Joh 12 ... 108
Joh 20,22 ... 98
Apg 2,14–36 ... 114
Apg 8,26–39 ... 95
2Kor 4,5 ... 24
Kol 4,2–6 ... 154
1Joh 4,16 ... 27
Hebr 4,12 f. ... 95
Hebr 13,14 ... 149
Offb 22,17b ... 98